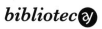

Biblioteca Âyiné 15
Pró ou contra a bomba atômica
Pro o contro la bomba atomica e altri scritti
Elsa Morante

© Elsa Morante Estate, 1987
© Editora Âyiné, 2022, 4ª ed.
Publicado em acordo com The Italian Literary Agency, Milano
e Ute K.rner Literary Agent, Barcelona
www.uklitag.com

Tradução Davi Pessoa
Preparação Ligia Azevedo
Revisão Fernanda Alvares, Ana Martini
Imagem de capa Julia Geiser
Projeto gráfico Renata de Oliveira Sampaio
ISBN 978-65-86683-65-3

Âyiné

Direção editorial Pedro Fonseca
Coordenação editorial Luísa Rabello
Coordenação de comunicação Clara Dias
Assistente de comunicação Ana Carolina Romero
Assistente de design Rita Davis
Conselho editorial Simone Cristoforetti, Zuane Fabbris, Lucas Mendes

Praça Carlos Chagas, 49 — 2º andar
30170-140 Belo Horizonte, MG
+55 31 3291-4164
www.ayine.com.br
info@ayine.com.br

Pró ou contra a
bomba atômica
Elsa Morante

Tradução de Davi Pessoa

Âyiné

7	**Ensaios disparatados**
	Davi Pessoa
	Pró ou contra a bomba atômica
	e outros escritos
19	Vermelho e branco
47	O poeta de toda a vida
55	Sobre o romance
89	Navona *mia*
101	Sobre o erotismo na literatura
107	Pró ou contra a bomba atômica
129	O beato propagandista do Paraíso
149	Notas sobre os textos

Ensaios disparatados

Davi Pessoa[1]

Cesare Garboli, crítico literário responsável pela publicação dos ensaios de Elsa Morante em 1987, ou seja, dois anos após a morte da escritora, afirma em seu prefácio ao volume *Pró ou contra a bomba atômica* que o projeto de reunir esses textos era, de fato, de Morante. Porém, ela sempre mudava de opinião, pois sentia muita insegurança em vê-los publicados, talvez porque compreendesse que o ensaio é o testemunho do sacrifício de um intelectual, caso aceitemos que o lugar do intelectual é o lugar do impossível, o lugar do cruzamento de paradoxos. Elsa, segundo Garboli, sabia que seria impossível publicar o livro por sua editora, a Einaudi, mas via a possibilidade de publicá-lo pela Il Saggiatore, pois tinha simpatia por Alberto Mondadori e também porque se sentia protegida, já que

------

1   Agradeço a Alfonso Berardinelli, Carlo Cecchi, Giuliana Zagra, Ettore Finazzi-Agrò, Manoel Ricardo de Lima e Raúl Antelo por terem dado força à publicação da tradução deste livro, que dedico a Elsa Morante e a Cesare Garboli. [Todas as notas desta edição são do tradutor e autor deste prefácio.]

naquela mesma época Garboli trabalhava nessa editora. No entanto, após algum tempo, a editora foi à falência e o projeto morreu, segundo o crítico italiano.

No final de seu prefácio, Garboli se pergunta: «Elsa era uma ensaísta?». Logo em seguida, acrescenta:

> Por mais esforço que eu faça, não consigo classificá-la sob nenhuma das três categorias identificadas por Alfonso Berardinelli: não é uma historiadora da cultura, não frequenta a iluminação epistemológica e muito menos a pedagogia e a autobiografia literária. Sua grande paixão pela realidade também se explica com a impossibilidade de encontrar nela uma resistência, um limite para a ficção. Teria sido uma ensaísta se tivesse sido questionada sobre essa flexibilidade, de onde provinha e por quê.[2]

É importante destacar, aqui, o papel de Garboli na crítica literária italiana, que, segundo Berardinelli, tal como lemos em seu ensaio «À procura de um cânone italiano», foi singular:

> Garboli nos faz compreender o quanto a literatura italiana do século XX é uma província, uma doença de província, uma série

---

2 Morante, Elza. *Pro o contro la bomba atomica*. Prefácio de Cesare Garboli. Milão: Adelphi, 1987, p. XXVI.

de episódios desventurados e disformes, e, além disso, como tais episódios ainda são iluminados por uma luz estranha e feliz de séculos distantes (assim se entende também que o verdadeiro mestre de Garboli é, antes, Roberto Longhi).[3]

Em outro ensaio, «Ensaísmo e estilos de pensamento 1980-2000», Berardinelli argumenta que na escritura crítica de Garboli «entra de tudo: autobiografia, filologia, psicologia, história, competências teatrais e figurativas», e mais uma vez afirma que «seu modelo é Longhi, seu autor é Molière».[4] Não poderíamos esquecer, ao trazer à tona a figura de Roberto Longhi, a partir das reflexões de Berardinelli, das impressões de Pier Paolo Pasolini (amigo muito presente na vida de Elsa Morante), o modo como Longhi dava suas aulas e como construía suas prosas críticas. Para isso, Pasolini parte de duas perguntas: «O que fazia Longhi naquela salinha deslocada e quase impossível de localizar na universidade da rua Zamboni? Uma espécie de 'história da arte'?». A lembrança de Pasolini, segundo ele mesmo, é a lembrança de uma contraposição ou nítido confronto de «formas», em que:

....

3   Berardinelli, Alfonso. «Alla ricerca di un canone italiano». In: *Idem*, *Casi critici: dal postmoderno alla mutazione*. Macerata: Quodlibet, 2007, p. 40.

4   Ibid., p. 398.

Na tela eram, de fato, projetados alguns diapositivos. A totalidade e os detalhes dos trabalhos, contemporâneos e executados no mesmo lugar, de Masolino e de Masaccio. O cinema agia, mesmo como mera projeção de fotografias. E agia no sentido de que um «enquadramento» representando a amostra do mundo de Masolino – naquela continuidade que é, sem dúvida, típica do cinema – se «opunha» dramaticamente a um «enquadramento» que representava, por sua vez, uma amostra do mundo de Masaccio. O manto de uma Virgem opondo-se ao manto de outra Virgem... O primeiro plano de um Santo ou de um espectador no primeiro plano de outro santo ou de outro espectador... O fragmento de um mundo formal se opunha, portanto, fisicamente, materialmente, ao fragmento de outro mundo formal: uma «forma» a outra «forma».[5]

Como poderíamos, então, ler os textos aqui reunidos? Há uma forma fixa neles? Ou Elsa Morante estaria, de algum modo, ensaiando uma nova possibilidade de escritura-leitura a partir do movimento de um gesto ao outro? Em um dos ensaios, «Sobre o romance», lê-se:

....
5 Pasolini, Pier Paolo. *Descrizioni di descrizioni*. Organizado por Graziella Chiarcossi. Milão: Garzanti, 2006, p. 331.

Todo romance, por isso, poderia, por parte de um leitor atento e inteligente (mas infelizmente tais leitores são muito raros, em especial entre os críticos) ser traduzido em termos de ensaio e de «obra de pensamento». E se for verdade que alguns romances (ao contrário daqueles que se fiam à representação pura) se valem, dentro de suas estruturas, de modos e formas declaradamente ensaísticos, essa diferença não se verifica apenas na época moderna, mas é comum a todos os tempos. *A divina comédia*, ao contrário da *Ilíada*, é um romance ensaístico; *Os noivos* é um texto ensaístico, ao contrário de *Os Malavoglia*. Assim como hoje o romance de Musil é ensaístico, ao contrário de Hemingway; porém, a mesma e válida coexistência desses dois autores talvez prove que não se pode estabelecer uma prevalência decisiva de uma forma sobre outra no romance contemporâneo.

Portanto, nesse sentido, parece existir a quebra de uma hierarquia: os textos não se enquadram numa forma fixa, já que provocam uma metamorfose da própria forma. Assim, não se trata do desdobramento de uma unidade, pois cada um dos livros citados por Morante coloca em jogo a diferença do mesmo que não retorna ao mesmo, ou seja, que não retorna a si mesmo. Os ensaios parecem ter em comum essa ausência de comunidade e, desse modo, podem *com(partilhar)* a diferença *por si* ou *em si*. Segundo minha opinião, nesse *compartilhamento* se dá a contemporaneidade desses textos, já que *com(partilham)* outro tipo de diferença, e não aquela que diz respeito à sua origem ou a determinado «gênero» textual.

Outro caso exemplar, nessas narrativas, quando pensamos na confluência dos modos de escrita que lhes são peculiares, é o das «três personagens fundamentais, que representam exatamente as três atitudes do homem diante da realidade», como ela diz em «Vermelho e branco», a saber:

1) O calcanhar de Aquiles, ou o Grego da Idade Feliz: para ele a realidade se mostra viva, fresca, nova e absolutamente natural;

2) D. Quixote: a realidade não o satisfaz e lhe inspira repugnância, e ele procura salvação na ficção;

3) Hamlet: a realidade também lhe inspira repugnância, mas ele não encontra salvação e, no final, decide não ser.

Apesar das diferenças que possam existir entre essas personagens, «os heróis dos poemas, tragédias ou romances não são nada mais do que encarnações novas ou precedentes (ou ainda derivações) das personagens aqui citadas», como ela escreve em seguida. Poderíamos pensar, portanto, em diferenças paralelas, ou semelhanças oblíquas, ao ler os «ensaios» de *Pró ou contra a bomba atômica*?

Elsa Morante, de modo paradigmático, compreende que o emaranhado de vozes provenientes da linguagem de tantas escrituras parodia justamente a literatura. Esta hospeda a quem lhe torna, por sua vez, hóspede, e nessa ação se estabelece um duelo de forças. «Naturalmente, como já mencionamos, dessas três personagens-atitudes fundamentais se originam os híbridos, produzidos por enxertos, derivações e contaminações», ela diz nesse mesmo texto, e a realização dessas metamorfoses por enxertos parece repensar o problema da força que surge da *biografia* de cada uma dessas personagens. Assim, poderíamos pensar tais ensaios como leituras de entrelaçamento: são, ao mesmo tempo, reunião e dispersão, como o arquivo que se monta a partir do cruzamento dessas personagens em «Vermelho e branco»:

> Dessa forma, o Grego da Idade Feliz se reconhece em Fabrício Del Dongo, em Manon Lescaut, e também em Tchitchikov, de *Almas mortas*.
> Ninguém vai me negar que o Idiota de Fiódor Dostoiévski e Emma Bovary não sejam apenas reencarnações de D. Quixote. Quanto ao Hamlet, suas reaparições, sobretudo nos dias de hoje, são tão numerosas e evidentes que qualquer um conseguirá reconhecê-las por si só.
> [...] Assim, Orestes é uma combinação de Aquiles, D. Quixote e Hamlet. O mesmo pode-se dizer de Werther. Raskólnikov é uma contaminação entre Hamlet e D. Quixote. Adolphe é um D. Quixote enxertado em Hamlet. Oblómov é um D. Quixote

enxertado em Hamlet que queria ser o Grego da Idade Feliz.

Retomando a pergunta feita por Garboli – «Elsa era uma ensaísta?» –, poderíamos respondê-la positivamente se tomamos o ensaio como gesto que se adota no ato da escrita, no momento em que se escutam vozes heterogêneas sem buscar uma unidade, ou seja, como uma espécie de rapsódia. Não por acaso, lemos logo no início de «O beato propagandista do paraíso»:

> Uma de suas características singulares é ter três nomes distintos. O primeiro (seu nome de nascimento) é Guido di Pietro: conhecido, pelos íntimos, como Guidolino (talvez porque, desde jovenzinho, crescesse frágil, sendo de estatura baixa? Por motivos semelhantes, um de seus «pais», o dominicano Pierozzi Antonio, tornou-se Antonino, depois santo Antônio).
>
> O segundo nome, Giovanni da Fiesole, foi assumido por ele no momento da descoberta de sua vocação religiosa: provavelmente pela intenção consciente de honrar mais um de seus «pais», o dominicano Giovanni Dominici; mas, talvez, também por causa de outra escolha inconsciente e necessária, como depois vamos destacar.
>
> Esses dois nomes fazem parte de sua história; porém o terceiro, Beato Angelico, foi oferecido a ele, como vivo e como morto, por sua lenda popular. E não por nada, coube-lhe apenas ficar com este último

nome, pois era mais comum, familiar a todo mundo.

A proliferação das vozes, produzidas pela linguagem dessas escrituras, como as vozes que escutamos em «Sobre o romance», mesclam-se àquelas de *criticozinhos* «de romances, que falam arbitrariamente de *compromisso* e de *evasão*, demonstrando somente, com seus critérios pobres, suas deficiências crítico-humanas», colocando um problema teórico fundamental: *quem fala no texto?* Em «Navona mia», por sua vez, outras vozes protestam a supremacia universal da famosa praça romana. Portanto, mais interessante que perguntar se Elsa era uma ensaísta, talvez seja discutir como ela tece seu ensaísmo.

Em muitos momentos a crítica literária italiana ignorou a existência desses ensaios, no entanto, sua ausência, por seu «esquecimento», torna-se extremamente atual, pois eles se fazem presentes onde ainda há lacunas, ou seja, no próprio esquecimento. Essas escrituras são como fósseis de uma comunidade que não existe mais, porém, justamente por trazer à tona algo que não existe mais, retornam mais uma vez, com uma força outra, já que nelas se escutam vozes que participaram de crises vividas em momentos de incertezas. Dizer, igualmente, que o ensaio não está em crise em nossos dias, já que se propaga em todos os meios, indica um paradoxo, pois o ensaio é a própria crise (uma tensão entre forças). Lê-se, ainda, em «Sobre o romance»:

se por crise entende-se «desenvolvimento» ou «transformação» (ou, talvez, «eclipse temporária») é evidente que toda forma artística, assim como qualquer outra expressão humana, participa das crises periódicas da sociedade e da vida: aliás, é seu centro sensível. Nosso século é o lugar de um trecho dramático [...].

Durante uma conversa com Alfonso Berardinelli, em 2012, em Roma, ele me perguntou: «Por que você traduziu *Pró ou contra a bomba atômica*?». Respondi-lhe: «Não poderia não o traduzir, visto que o mundo está sempre sofrendo a ameaça de uma nova bomba atômica, sempre potencializando o que Elsa chama de 'o sistema da desintegração'». O gesto da tradução, aqui, não restitui uma forma, mas muito mais: o desejo de reativar uma força que possa repotencializar os ensaios publicados nestas páginas, os quais provocam um choque entre lembrança e esquecimento, dando-nos, em última análise, a possibilidade de pensar o presente de nossa disparatada existência.

**Pró ou contra a bomba atômica
e outros escritos**

Vermelho e branco

Glória, Heróstrato e o esposo lunático

Que Glória é uma senhora infiel, inquieta, cheia de energia e de contradições já se sabe há séculos. Sabe-se também que ela nem sempre respeita a cortesia. Às vezes, sequer sente vergonha de cortejar quem não se interessa por ela, e mais frequentemente, ao contrário, despreza quem a adora, quem venderia a alma por ela, quem beijaria o chão por onde passa. Não há nada pior.

> Quando o amante a chorar em
> vão junto a uma bela
> vê-a contra os rivais que também se rebela
> pode bem aceitar, sem pejo e sem furor
> partilhar dos rigores que não
> lhe causam dor.
> Mas se a outra pessoa ele a vê já unida
> na sua desgraça flagra a funesta ignomínia
> e gemem em seu peito em coléricos
> rios o orgulho e o amor, deuses
> ciosos, sombrios.[1]

---

1 Elegia de André Chénier (1762-94), poeta francês, traduzida gentilmente para este volume por Lawrence Flores Pereira. No original: «*Lorsq'un amant, qui pleure en vain près d'une belle/ La*

Por vezes, seguindo o costume das namoradeiras, simula um desmaio, e logo depois se retira com um bocejo. Ou, quando permite ser cortejada, após anos e anos sem conceder nem mesmo um sorriso, rende-se, por fim; porém, farsante como é, revela-se sob um aspecto sórdido, brutal, ofensivo, tanto que seus delicados amantes, depois de terem-na possuído, imediatamente se desgostam e se envergonham dela.

Por um prazer malicioso, em algumas ocasiões, consente um encontro; mas, em vez de ir pessoalmente, manda uma sua sósia mascarada. Assim, o apaixonado, iludido, enquanto a bajula com abraços, abraça, sem saber, uma simples dona de casa.

Como todas as mulheres lindas e experientes, ela deixa, sobretudo, os jovens sonhando; do mesmo modo, os adultos e os velhos. Seus amantes são incalculáveis, pois são milhares. Existem uns desesperados que, depois de terem tido em vão sonhos íntimos com ela, chegam a esperar dela, ao menos depois de mortos, um olhar de piedade. Isso os estimula a tal ponto que, em certos casos, eles realmente perdem a cabeça.

---

voit à ses rivaux également rebelle,/ Il peut souffrir; il peut, sans honte et sans éclats/ Partager des rigueurs qui ne l'outragent pas./ Mais à d'autres que lui s'il voit qu'elle est unie/ Son infortune alors lui semble ignominie;/ Et dans son coeur blessé gémissent en courroux/ L'orgueil, l'amour: tous deux dieux sombres et jaloux.»

No entanto, quem poderia contar os feitos e as intrigas dessa aventureira fatal? Malfeitores e santos, filósofos, cantores e militares, todos podem lhe agradar e desagradar. Ela muda de cor e de insígnia; e para conquistá-la nem sempre são necessários o castigo e o cansaço. Talvez baste um capricho, uma imaginação, uma ideia, e ela será sua. Heróstrato, para conquistar Glória, incendiou o templo de Ártemis; e seu nome, embora os historiadores o tenham calado por despeito, ainda hoje goza de fama. Não muito diferente do caso dele é aquele de um jovem de família burguesa, o qual, poucos dias atrás, no momento de seu casamento, teve a inspiração de responder «não» ao padre que lhe fazia a clássica pergunta diante do altar. Depois disso, ele fugiu da igreja, abandonando sua noiva e seus parentes. Naquele mesmo instante, ele e a pobre noiva, casal até então obscuro, tornaram-se não menos ilustres do que Tyrone e Linda, Rita e Ali.[2] E quando, uma semana

---

2   Rita Hayworth casou-se com o príncipe Ali Khan em maio de 1949, em Cannes, França. O casal teve uma espécie de lua de mel na África, que incluiu Moçambique. Na ocasião, uma equipe de filmagens acompanhou-os para fazer um documentário intitulado *Champagne Safari*, com direção de Jackson Leighter. A viagem, porém, foi um desastre, e a atriz regressou aos Estados Unidos no meio. Ela pediu o divórcio alguns meses depois. O documentário foi concluído mesmo assim e lançado em 1952.

depois, o noivo arrependido decidiu celebrar o casamento de maneira séria, não era mais uma união entre simples mortais, mas entre heróis e semideuses.

Os moralistas aconselham prudência ao acolher Glória no instante em que se mostra complacente e gentil. Por trás de sua inocência falsa, frequentemente se esconde, dizem, uma impostura não menos enganosa. E pode ser acolhida por uma família como se fosse um gatinho doméstico que, com o passar do tempo, se transforma num tigre.

Glória como esposa legítima, o soberano feio e Glória no jornal

Depois de termos nos prolongado tanto sobre o tema Glória, agora podemos finalizá-lo, ou não.

Glória tem quase sempre um comportamento frívolo e libertino; ameaça abandonar seu companheiro fiel caso não encontre mais nele novos encantos. Um nosso literato, dentre os mais galantes, foi forçado, para manter os agrados de sua Glória, a se renovar tal como a lua.

Ao lado desse engenhoso e felizardo idílio há, ao contrário, a tragédia de um soberano, que, graças à sua vida caprichosa, está hoje entre os homens mais gloriosos do mundo. Sua terrível obesidade, velada de tédio e hipocondria, exibe-se a cada manhã, reproduzida em mil retratos, em todos os jornais. A tragédia, portanto, ao que nos cabe, consiste nisto: sua própria imagem não agrada ao monarca de forma alguma; aliás, ele a odeia. Considera-a, de fato, seu pior inimigo. E, como ela o persegue, multiplicada em mil aspectos, o monarca intratável acabou acreditando que se tratava de um diabo, chamando-a de Legião.

Legião lhe é fiel, e não pode se libertar. Não há esperança. Existem personagens que, talvez contra a própria vontade, são obrigadas a se casar com Glória por conveniência. No entanto, carregam-na nas costas como uma esposa legítima, não amada, pois é preciso respeitá-la e levá-la para passear, para não lhe faltar com educação.

Defesa de certa frivolidade no hábito viril contra os perigos da austeridade

Direcionemos para outro lugar o elogio da frivolidade, o qual (e nem sempre a despeito dos santos e dos sábios, mas, ao contrário, com seu afetuoso consentimento) é compreendido como virtude, e não como pecado.

Uma das poucas alegrias virtuosas que ainda nos são permitidas, no início de cada nova estação, é o espetáculo das coleções de moda. Infelizes, áridos e brutos são os corações insensíveis a uma alegria assim! Esse não é, como as pessoas ordinárias suspeitam, um *prazer material*, mas, sim, um regozijo espiritual semelhante àquele que podemos sentir diante de uma coleção de quadros ou de um concerto musical. É um exercício gracioso e humano de harmonias e de fantasias que ajuda a ter conhecimento de si, revelando, até mesmo, alguns segredos do amor. Nas tardes lindas desse princípio de outono, que transcorremos em semelhantes festas de moda, a única amargura, entre uma multidão de senhoras e moças, é a ausência dos senhores.

Por quê? Distantes dessas salas reluzentes, excluídos dessa festa amável, onde eles estariam?

> Quem no encalço das leis,
> quem de aforismos
> vivia, quem praticando o sacerdócio,
> quem ao poder, co'a força ou facciosismos,
> quem na extorsão ou no comum negócio;[3]

Portanto, devemos suspeitar se é verdade aquilo que afirmam, ou seja, que no século atual toda a felicidade, a delicadeza e o fogo se refugiaram nos corações das senhoras, e os senhores, por outro lado, são todos de coração árido, bruto e infeliz.

Que nunca se diga isso! A verdade é que os senhores, caso sejam levados a um desfile de moda, estarão condenados a vê-lo como se estivessem exilados. De fato, não lhes convém, segundo o hábito moderno, vestir outra roupa que não seja seu uniforme sem

---

3 «Paraíso», canto XI, 4-7. In: Alighieri, Dante. *A divina comédia*. Tradução e notas de Italo Eugenio Mauro. São Paulo: Ed. 34, 1998, p. 79.

graça, conhecido por todos, e, caso tenham a complacência de usá-lo, tenham a dignidade de vestir, no máximo, um galeote; nem lhes convém usar outros tecidos que não sejam de lã ou de linho, austeros, convenientes aos monges, para os quais a austeridade é o caminho para a graça divina, o que não acontece com os pobres mortais, para os quais a austeridade frequentemente impede o caminho da cortesia, da alegria e de outras virtudes.

Ó, Austeridade, quantos pecados foram cometidos em seu nome!

Assim, quem exclui os senhores da nobre região na qual se estendem as rendas, os cetins, os veludos, os tecidos ondulados cambiantes, e giram as plumas e os laços? Essa é a única crítica que movemos contra as revoluções democráticas.

Tampouco se pode dizer que a fantasia do vestuário ofende o decoro da virilidade. Senhores, tomem como exemplo as árvores do pomar: elas não se enfeitam com flores na primavera, igual às plantas insignificantes do jardim? Tomem como exemplo o leão. Seu pelo, por acaso, é menos pomposo do que o da leoa?

Há argumentos novos: com toda a nossa admiração pelos artistas contemporâneos, não acreditamos que seu decoro seja superior, por exemplo, àquele do tragediógrafo orgulhoso da província de Asti, nem mesmo superior àquele do pintor que por sua pátria foi nomeado Veronese.

Tampouco a obediência legítima aos poderes absolutos vai nos impedir de afirmar que não acreditamos, por exemplo, que os maiores Luíses da França sejam inferiores, em relação ao decoro viril, aos nossos ditadores contemporâneos.

(A propósito dos contemporâneos, agrada-nos imaginar como a obesidade sutil do poeta S. C. se embelezaria de expressiva tolerância se pudesse andar vestido com uma alegre *velada*[4] florida; e como a gigantesca pessoa do romancista M. P. apareceria majestosa sob robe e *roboni*,[5] tecidos de ouro etc.)

(A propósito dos ditadores e dos homens de Estado em geral: acreditamos que certa leveza rústica, que, às vezes, se observa em suas condutas, seja consequência, talvez em menor parte, da austeridade de suas roupas. Algumas palavras muito substanciosas (e a palavra e a ação são irmãs), que podem harmonizar com um boné com viseira ou com um *orbace*[6] sombrio, ficariam escondidas por

---

4   Casaco masculino de cerimônia, usado em Veneza no século XVIII.

5   Vestido longo masculino, nobre e de tecido valioso, usado por doutores e magistrados até o século XVI.

6   Tecido de lã tingido de cinza ou preto. Durante o Fascismo, foi usado para fabricar os uniformes dos oficiais da Milizia Volontaria per la Sicurezza Nazionale, conhecidos como «camisas-negras», pois possuía uma consistência robusta e era impermeável. A relação entre o *orbace* e o

conveniência se o orador calçasse escarpins bordados com plumas de cisne; e seriam rechaçados pela presença de um jabô.)

Desconsolado elogio da gravata

Porém, como tememos, se nosso texto, que aqui se apresenta, permanecer sem consequências, prometam-nos, pelo menos os senhores, manter a máxima consideração pela gravata, o último suspiro da fantasia em seus vestuários modernos. Quem disse (usando o adjetivo em sentido de desprezo) que ela é o último resquício *burguês*? Ao contrário, é uma concessão extrema da mesquinhez e da avareza à festividade do hábito social.

Leviano quem procura a sobriedade também na gravata! Façam-na com bordado, renda, cetim e arminho; pintem-na florida e com alguma espécie de surpresa, decorem-na com plumas e fios de ouro e prata. Nenhuma outra será tão audaz.

A gravata é a última ponte entre o homem e a fantasia; é o último fosso entre ele e a barbárie.

Fascismo foi muito marcante, tanto que o termo era utilizado metonimicamente para se referir àquele momento histórico.

As personagens

Depois da dissipação do calor do verão, bem-vindo seja o inverno que nos traz o recolhimento (sempre que se dispõe de um cômodo bem aquecido). A mente que ama fantasiar tem por costume, a cada princípio de inverno, como uma dama do belo mundo, reabrir seus salões. Na companhia de um livro e amparados por um gato, tal qual um mordomo ou um gênio, teremos noites não menos povoadas do que se estivéssemos no Grêmio do Frustino ou do Cancello.

Entre todos os livros possíveis, preferimos aqueles (sejam estes romances ou tragédias, poemas épicos ou de cavalaria etc.) que nos levam ao encontro de personagens vivas (embora imaginárias) e que nos narram os acontecimentos humanos. Parece-nos que ensaio ou tratado algum, e nenhuma maravilha de prosa abstrata, pode satisfazer melhor o leitor naquilo que é o problema mais grave de qualquer homem: suas relações com a realidade (não queremos aqui falar da grande lírica, que, assim como a graça, nos retira do mundo dos problemas). Sabemos que uma predileção como a nossa contrasta com a opinião de muitos professores e filósofos (os quais talvez tenham razão) e com aquela de alguns de nossos críticos contemporâneos. Para esses últimos (que certamente não têm razão), nunca daremos outra resposta senão aquela de um árabe a um turco que por uma hora o havia coberto de injúrias: «No dia em que você começar a falar bem de mim, começarei a me desesperar».

A propósito dos nossos livros prediletos, lembramos uma classificação das personagens da qual nos gabávamos como se fosse uma descoberta na flor de nossa juventude. Também existiram outras descobertas, mas damos a nossa por aquilo que vale; além disso, os leitores poderão fazer dela um jogo para as noites de inverno.

Então, observem: os poetas e os prosadores dispõem, em tudo e para tudo, de três personagens fundamentais, que representam exatamente as três atitudes do homem diante da realidade:

1) O calcanhar de Aquiles, ou o Grego da Idade Feliz: para ele a realidade se mostra viva, fresca, nova e absolutamente natural;

2) D. Quixote: a realidade não o satisfaz e lhe inspira repugnância, e ele procura salvação na ficção;

3) Hamlet: a realidade também lhe inspira repugnância, mas ele não encontra salvação e, no final, decide não ser.

Apesar das diferenças inevitáveis devidas ao costume e ao clima, e apesar das muitas aparências, ou completamente opostas (Júpiter também gostava de se transformar num touro, num cisne e por vezes numa nuvem), os heróis dos poemas, tragédias ou romances não são nada mais que encarnações novas ou precedentes (ou ainda derivações) das personagens aqui citadas.

Dessa forma, o Grego da Idade Feliz se reconhece em Fabrício Del Dongo,[7] em Manon Lescaut, e também em Tchitchikov,[8] de *Almas mortas*.

Ninguém vai me negar que o Idiota de Fiódor Dostoiévski e Emma Bovary não sejam apenas reencarnações de D. Quixote. Quanto ao Hamlet, suas reaparições, sobretudo nos dias de hoje, são tão numerosas e evidentes que qualquer um conseguirá reconhecê-las por si só.

Naturalmente, como já mencionamos, dessas três personagens-atitudes fundamentais se originam os híbridos, produzidos por enxertos, derivações e contaminações. Assim, Orestes é uma combinação de Aquiles, D. Quixote e Hamlet. O mesmo pode-se dizer de Werther. Raskólnikov é uma contaminação entre Hamlet e D. Quixote. Adolphe é um D. Quixote enxertado em Hamlet. Oblómov é um D. Quixote enxertado em Hamlet que queria ser o Grego da Idade Feliz.

Sentimos que devemos aos nossos leitores uma explicação em relação ao caso Tchitchikov. Nossos leitores, de fato, mostram um pouco de receio antes de reconhecer nele o herói, como se costuma dizer. Pois bem, caso queiram reabrir *Almas mortas* e reler as primeiras páginas desse

---

7 Protagonista de *A cartuxa de Parma*, de Stendhal, publicado em 1839.

8 Personagem de *Almas mortas* (1842), de Nikolai Gógol.

livro extraordinário, lá onde o herói nos é apresentado, observem seu modo de comer, de se vestir, de passear e, enfim, de assoar o nariz:

> e assoava o nariz com excepcional sonoridade. Não se sabe bem como fazia, mas o fato é que seu nariz parecia emitir um som semelhante a uma tromba. Esse mérito, que parece modesto, todavia, fez com que aumentasse a estima que o servo do albergue sentia por ele, tanto que, logo que escutava o estranho som, sacudia os cabelos, endireitava-se todo por respeito, e, baixando a cabeça bruscamente, perguntava: «Ordena alguma coisa?».

Não há dúvida que somente um Grego da Idade Feliz poderia assoar o nariz de tal maneira.

Os três narcisos

No domingo passado, no café da Praça do Povo, aconteceu algo que nos proporcionou um espetáculo dos mais singulares: Ângelo, Savério e Ludovica estavam reunidos, conversando.

A qualidade insólita do trio nasce disto: desde a trágica manhã em que Narciso morreu, raramente, a meu ver, se encontra outra personagem que seja tão apaixonada por si mesma como esses três amigos. Ainda mais: cada um deles é um exemplo perfeito dos três aspectos distintos que pode tomar, sobre a Terra, o amor fatal por si próprio.

Ângelo, o Narciso Feliz

Ângelo gosta de si mesmo e não duvida que os outros não o adorem. O próximo representa para ele um espelho, no qual (seja ilusão ou realidade) reencontra a confirmação da própria convicção: *Ângelo é lindo, galanteador, fascinante. Ângelo é um gênio.* A vida do universo populoso é para ele uma festa em sua homenagem, em que se comporta como um homenageado afetuoso, grato e cortês. Não podemos pedir, é verdade, nenhuma grande prova, nenhum sacrifício à sua cortesia. Quem, por acaso, pediria a uma rosa para se *transformar* numa laranja? Ou aos jasmins, no mês de maio, para dar cerejas? Ninguém, a não ser um ser desumano, pode repreender Ângelo por sua ilusão inocente. Por outro lado, os amantes que perguntam ao amado «Você me ama?» e ouvem em resposta um nunca farto «Sim, eu te amo» não sofrem de um pecado semelhante àquele de Ângelo? Sua felicidade, agradar aos outros, é, no fundo, um louvor que faz ao seu próximo. Seja, portanto, o mundo indulgente com Ângelo, que ele também será indulgente com o mundo. Não tem inveja de ninguém, porque ninguém pode ser tão gracioso quanto ele. Não difama ninguém, porque a vida alheia não lhe interessa nem interessa à sua imaginação, que se extasia com um único objeto.

Savério, o Narciso Furioso

Savério gosta de si mesmo, não duvida que seja lindo e fascinante, nem que seja um gênio; todavia, à mesma pergunta de seu ansioso coração, o próximo responde: «Não, caro amigo. Apesar de sua presunção individual, você não é lindo, não é fascinante, não é um gênio. Fulano e sicrano o são, para seu despeito. Mas você não. E não te adoramos». Impetuoso, diligente, Savério sempre se esforça para dar novas revelações aos outros sobre o mito glorioso que faz de si mesmo. Em vão. Sua fé permanece não revelada, só vê nas outras pessoas negação e indiferença. Nem por isso ela se abala; ao contrário, quanto mais os outros a repudiam, mais fica fanático por ela. O estudo apaixonado que empreende e cultiva acerca da vida alheia não tem para ele outro fim que não seja reconhecer a nulidade dos outros e ressaltar seu próprio valor. Disso nasce seu ódio e seu desprezo por todos e sua agressividade desmedida diante de seus rivais mais felizardos. Único devoto num mundo de bárbaros e descrentes, Savério não perdoa ninguém, exceto os defuntos.

Ludovica, o Narciso Infeliz

Dos três é este o monstro mais selvagem e o enigma mais estranho. Miserável sorte de Ludovica! Ela não gosta de si mesma, julga-se feia, desagradável, ignorante, e não duvida que os outros tenham a mesma opinião. Nem pode criticá-los por causa disso, já que pensa do mesmo modo. Por isso, mais do que sentir ódio pelos outros, ela consagra o ódio por si mesma. Quem poderá, portanto, consolar, com um pouco de atenção, proteção, compaixão e amor, a pobre Ludovica? Quem, mais do que ela mesma? Eis, assim, sua redenção oculta. Ao mesmo tempo que se odeia e se despreza, Ludovica se adora. Nela convivem dois Narcisos: um adora o outro, que, infelizmente, não retribui. Ela é apaixonada por si mesma, mas seu amor não é retribuído; é, também, sua inimiga e sua cúmplice! Essa é realmente uma sociedade bizarra e dramática. Aliás, em relação ao afeto que nutre por si mesma, ele é da mesma espécie daquele de uma mãe por um filho mal-educado. Todos sabem que um afeto semelhante, no final, pode se tornar uma parcialidade excessiva, até chegar a uma injustiça e a uma idolatria. Na realidade, nenhum dos Narcisos já descritos jamais amará tanto a si mesmo quanto Ludovica. Não podendo, porém, proclamar ao mundo seu afeto desmedido por um objeto indigno, ela se torna hipócrita e, ostentando humildade, arrisca-se e sacrifica-se pelo mundo. (Mas o verdadeiro propósito é obter algum mérito de sua querida Ludovica.) Se não ousar agitar seu sacrifício como se fosse uma bandeira, oferecerá a si a última homenagem: o gosto de ser incompreendida e de ficar sozinha. Semelhante vocação esconde frequentemente o egoísmo mais infernal. No entanto, precisaria ser o diabo para condenar ao inferno a pobre Ludovica.

Sobre o que poderão conversar os três Narcisos no café? Estávamos muito distantes deles para escutá-los. Mas o diálogo deve ser parecido com o concerto impossível dos três instrumentos que tocam, cada um a seu modo, um solo diferente e patético.

O paraíso terrestre

As escrituras, narrando-nos a expulsão de Adão do Éden, não dão grande importância a um particular, que o consagrado autor do Gênesis considera, certamente, não muito importante, isto é, a prova extrema de misericórdia que, mesmo na austeridade, o Pai Eterno deu ao homem, deixando-o em companhia dos outros animais, os quais não tinham, assim como ele, comido o fruto da ciência.

Como todos sabem, ao saborear esse fruto, o homem adquiriu a consciência do bem e do mal, ou seja, a capacidade de julgar. Mas os outros animais permaneceram imunes a essa capacidade. Esse é o caráter mais amável que diferencia os outros animais do homem, e é aí que reside, sobretudo, a graça da companhia deles, onde encontramos novamente um pouco dos prazeres e do luxo incomparável, os quais ornavam as festas do Éden perdido. E nos assusta pensar como nosso exílio seria amargo se não nos tivesse restado esse consolo.

O mesmo consolo é concedido aos adultos da espécie humana durante a primeiríssima infância de seus recém-nascidos. Porém, sobre estes, infelizmente, a cada dia que passa a árvore da ciência do bem e do mal sempre estende mais sua sombra. Esta é responsável por escurecer nossas conversas mais prazerosas com nossos semelhantes. O medo de ser julgados sufoca a sinceridade, impede o relaxamento, deforma os afetos e desgasta qualquer confiança.

Diz-se que:

> l'amour est un combat d'orgueil et d'espérance[9]

porém, na companhia de nosso cão ou de nosso gato, encontramos um descanso das exaustivas guerras da esperança e do orgulho.

Graças a eles podemos encontrar sobre a Terra um olhar vivo, que nos declara a amizade mais delicada, sem nenhuma sombra de dúvida! Podem se apresentar em seus aspectos mais sórdidos da miséria, e vocês ainda serão para eles o antigo senhor do

---

9 «O amor é uma batalha entre o orgulho e a esperança.»

Éden. Não temam o surgimento das rugas em seus rostos: eles não consideram a feiura, a doença e a velhice defeitos repugnantes.

Não ficarão fartos da tristeza de vocês, não desconfiarão de suas intenções; nem precisam temer que possam, com seu afeto, forçar as portas trancadas pela preguiça de vocês.

Infeliz o homem que ignora as consolações de semelhante amizade! Para ele a Terra é realmente um exílio triste. E quem negou que nossos animais companheiros possuem alma? Esse fulano dá prova de não ter coração nem critério. Confunde a luz transparente da alma com sua sombra, confunde, além disso, a ciência do bem e do mal.

O verdadeiro rei dos animais

Louvemos toda a nação multiforme de nossos animais companheiros, esse circo angelical em que o homem pode reconhecer, em testemunho de sua categoria perdida, a infância nobre do Éden. Porém, entre todos os animais existentes, temos que decretar a primazia absoluta do gato siamês.

Há tempos devíamos, por nossa familiaridade com a sociedade invejosa dos gatos siameses, o reconhecimento público por suas graças.

Mas quem quiser escrever dignamente seus louvores terá que, para usar a linguagem precisa de Diderot, «mergulhar sua caneta no arco-íris e enxugar o escrito com polvilho de asas de borboleta».

Nós nos contentaremos, aqui, em citar uma antiga princesa siamesa, a mesma que, pelo hábito de colocar seus anéis no rabo de seu gato enquanto lavava as mãos, dando-lhe um nó para que não se perdessem, originou a deformidade graciosa que ainda hoje se observa no rabo desse animal incomparável.

A princesa histórica costumava dizer que ele «é mais bonito que a estrela da manhã, mais sábio que o elefante, mais feroz que o leão, mais engraçado que o macaco, mais fiel que o cão, mais precioso que a pérola, e a voz de sua fêmea é mais doce que a da rolinha».

Então? Nós que aqui escrevemos talvez estejamos corrompidos pelo destino, já que os *três* gatos siameses com os quais nesse momento temos a honra de conviver são provavelmente (temos não poucas razões para supor) os três produtos mais extraordinários dessa espécie tão nobre. No entanto, não podemos lamentar que a imaginação da princesa aqui citada seja, na verdade, inferior ao argumento.

Quanto a nós, depois de ter mudado tanto de reino e de coroa, ousamos propor, agora, a candidatura do gato siamês a verdadeiro rei dos animais. Estamos certos de que esse título não fará com que ele perca sua discrição natural e sua afabilidade.

De fato, como não comeu o fruto da ciência do bem e do mal, ele dá menor importância ao título de rei do que a um peixinho; e jamais empinará sua cabeça.

O príncipe Andrei

Na clássica serenidade de *Guerra e paz*, a personagem Andrei tem a graça de uma sombra que parece brincar numa paisagem toda estendida e em plena luz. Sua substância sombria e fugidia atrai e repele as outras personagens, e de tantas atrações e repulsões o jogo dos sentimentos na obra recebe uma qualidade misteriosa e ambígua, uma profundidade singular; em suma, uma espécie de angústia *romântica*. As características fundamentais de Andrei são exatamente aquelas das personagens românticas, isto é, o orgulho e a preguiça.

No que diz respeito ao orgulho, ninguém, acreditamos, discordará de nossa opinião; e o próprio Andrei, ao ser interrogado, não negaria essa sua característica. Ao contrário, em relação à preguiça, estamos cientes disso, muitos hesitariam em reconhecê-la em Andrei. Ele mesmo reprovaria, talvez com perfeita sinceridade, uma acusação semelhante. E ficaria gravemente ofendido se lhe fosse revelado seu parentesco com um famoso herói da preguiça: Oblómov, de Goncarov.

Andrei e Oblómov

A perplexidade em relação ao parentesco dessas duas personagens é justificável. A preguiça do pobre Oblómov é realmente evidente, já que é, sobretudo, um fenômeno físico: seus emblemas visíveis são a poltrona, as pantufas e o pijama. Mas há uma preguiça moral que se pode esconder, da mesma forma, sob as aparências da paixão, dos ideais fictícios e da atividade inquieta. Aquilo que conta é que o fim supremo de nossas duas personagens é o mesmo: *eximir-se de qualquer responsabilidade em relação ao próximo*.

Caso se preste atenção à vida de Andrei, pode-se perceber que ele não somente foge de suas responsabilidades com o próximo como *não quer ter um próximo em absoluto*. Logo que alguém está prestes a se tornar, de estranho que lhe era, um conhecido, Andrei o enxota para bem longe, ostentando, com a mais íntima redenção, fetiches que são trocados a todo instante: a guerra ou o amor pela glória, o dever filial ou o sentido de honra. Esses fetiches são o bovarismo do príncipe. Ele não precisa esquecer que, diferente de Oblómov, incorpora o orgulho à preguiça; e o bovarismo (ou o falso ideal) é frequentemente um escudo que o orgulho empresta à preguiça.

Vejamos o comportamento de Andrei com as mulheres; vejamo-lo com sua esposa Lise, a qual Tolstói tem por hábito chamar afetuosamente de «a pequena princesa». No momento em que Lise mais necessita dele, Andrei a deixa, não sem alarde, partindo para a guerra. Pois bem, a guerra é muitas vezes um álibi, um lugar onde se evitam as obrigações individuais. É, em suma, para os bovaristas preguiçosos, aquilo que a poltrona é para Oblómov. Apenas após a morte de Lise Andrei se dá conta de que a amava, apesar daquelas fraquezas que antes lhe suscitavam certa aversão. A verdade é outra, importante dizer: é fácil amar os mortos, que não nos tiram nada e nos poupam de qualquer responsabilidade.

Quanto a Andrei e Natasha: convencido de que a ama, Andrei adia o noivado por mais um ano, e viaja para ficar distante dela. As razões são a vontade de reencontrar seu pai, sua saúde e, quem sabe, a intenção de colocar à prova o coração da jovem amada. No entanto, esses motivos maravilhosos são somente pretextos para a preguiça, que prepara suas defesas, cavando um fosso entre o presente e a hora fatal, na qual Natasha, de gracioso fogo-fátuo que agora representa para Andrei, passaria a ser seu próximo.

O escândalo de Natasha com Anatoly, que a um amor verdadeiro daria (se amar é compreender) uma ótima ocasião para se fortalecer, oferece, ao contrário, a Andrei, um motivo (talvez inconscientemente desejado) para romper o compromisso. Somente quando, ferido na guerra, sente a morte se aproximando, ele percebe que compreende Natasha e que sempre a amou. Mas, nesse caso, repete-se às avessas sua relação anterior com Lise, ou seja, é fácil amar os outros quando se sabe que a morte está próxima. Agora Andrei ama Natasha porque ela não lhe pode tirar mais nada. A morte o liberta de si mesmo; e é precisamente tal sentimento que transmite beleza extrema à cena de sua morte.

Não lhe tirar nada! Mas, enfim, *lhe tirar o quê?* Não queremos, aqui, ser mal-entendidos. No coração de Andrei, como no de Oblómov, aliás, não há lugar para avareza vulgar ou baixeza moral. O bem árido que Andrei protege com tanta obstinação até o último instante não é, no fundo, nada mais que a solidão de seu orgulho. Assim, já que a relação entre o orgulho e a preguiça foi estabelecida, então um protege o outro. Andrei tem ciúmes do orgulho que tem de si, assim como certas mocinhas têm ciúmes de sua inocência.

Nós nos detemos até então nas relações com as mulheres. Ainda falta falar de seu sentimento de glória e de morte e de sua amizade com Pierre, que é precisamente seu oposto. No entanto, tudo isso exigiria um discurso bem mais extenso.

Alguns exercícios preparatórios para a próxima quaresma

Nos tempos de futilidade, as damas, por sua edificação moral, tinham o costume de ir muito bem-vestidas, com seus casacos de pele, e cheias de pacotes, aos casebres cujos inquilinos, desprovidos de tudo, banhavam com lágrimas as mãos das benfeitoras, chamando-as de «coraçãozinho de ouro» ou de «minha boa fada».

Em nossa época, pode-se aconselhar um exercício mais vigoroso para aqueles cavalheiros ou para aquelas damas que procuram a fortificação da alma, isto é, uma peregrinação através dos lugares nos quais os privilegiados pela fortuna e pela flor da sociedade buscam o prazer e a distração.

Comecemos pelos bailes. Noutros tempos, essas festas tentavam (entenda-se, nos limites concedidos a variações profanas semelhantes) imitar, de alguma forma, o céu. Os lustres e as luminárias evocavam as luzes do firmamento; os sons, embora cheios de carícias terrestres, tinham uma qualidade consoladora nos adágios e eram delicados na parte alegre. Enfim, a palavra «baile» fazia vir à mente um salão enorme, uma grande escadaria – imagens de *grandeza*, de *ascensão* e de *eminência*.

Hoje, ao contrário, em nossa mente fazemos logo associação com as palavras «boate», «botequim» e «bar». Ah, finuras de nosso século austero! Jerônimo Savonarola, para persuadir a austeridade do costume, não poderia inventar meio mais oportuno do que aquele de nossos contemporâneos, os quais imitam, por prazer mundano, o estilo do inferno. Hoje, vamos aos bailes em subsolos magníficos de teto baixo, nos quais o som ensurdecedor exprime furor, agitação ou sonolência angustiante. Sobre a pista de dança são projetadas luzes de um vermelho sanguíneo, da cor do turqui sinistro ou de um amarelo sulfúreo. E as figuras que dançam parecem fazer referência ao choque das almas culpadas e atormentadas.

Caso alguém, entre nossos leitores, não tenha o espírito preparado para tão rude disciplina, poderá escolher outros passatempos, que serão certamente menos pomposos que o baile, mas sempre úteis para medir a futilidade da beleza, da riqueza, da vacuidade do tempo, da história, e para perceber como são supérfluas as conquistas das artes e das ciências humanas. Aconselhamos, por exemplo, um daqueles salões em que nobres senhores e damas esplêndidas, tal como uma fênix, dedicam seu tempo ao jogo do bridge ou da canastra. Vocês não encontrariam, ali, a paixão sinistra pelo jogo, que forneceu argumento para muitos dramas românticos; ao contrário, encontrariam uma vontade filosófica de anulação, uma necessidade de consumir, despindo de qualquer valor ilusório o tempo inútil nesse plano inferior. É justamente por isso que as damas sacrificam, nessas vigílias torturantes, sua beleza. E como se vê, essa ideia se aproxima das doutrinas estoicas mais que daquelas de Epicuro.

Outros grupos, sempre da mais alta sociedade, encontram-se em suas residências ou em seus pequenos teatros de marionetes, e ali encenam certos espetáculos, tanto privados (por puro deleite) quanto pagos (mas com propósito beneficente). Em tais ocasiões nossa elite dá provas de sua simplicidade, verdadeiramente exemplar, e de sua verdadeira modéstia. Um príncipe de outros tempos teria exigido nessas noites, em sua corte, a presença de Molière ou de Mozart. Hoje, por outro lado, nossos senhores se contentam (tendo a bondade de representar eles mesmos) com certas novelas ou comediazinhas, coisas para a família totalmente sem pretensões, que dois séculos atrás teriam feito até mesmo uma colegial torcer o nariz. Os mais maliciosos apresentam, talvez, algum esquete, inspirado nas brincadeiras mais populares dos jornais humorísticos; ou nas farsas, que se ligam, como gênero literário, àquela obra famosa (muito em voga entre as principiantes no tempo de nossa infância) que tinha como título *A punição por roncar*.

Desse modo, os mais ativos e arrojados atuam com enorme pompa e com intenções artísticas reais, tomando por modelo as revistas de variedades, cuidadosamente imitadas, tais como aquelas que alegram os descansos dominicais dos artesãos humildes, das cozinheiras e dos contínuos. E, percebam, eles não representavam nem com propósito polêmico nem satírico (Deus está de olho!), mas com inocência mental absoluta, por uma fraternidade íntima e natural de gostos compartilhados com as pessoas de intelecto simples. De fato, se as pessoas de uma classe humilde conservam a mesma simplicidade de intelecto por necessidade (e talvez contra a vontade), nossos nobres senhores a conservam por vocação, que é, caso queiramos ser sinceros, o modo mais sadio e genuíno de conservá-la.

E é realmente comovente ver como nossas damas mais elegantes, vestidas pelos melhores alfaiates franceses, imitam, com objetivo de caridade, as humildes *girls* de periferia.

Concluindo, alegrem-se, ó espíritos austeros. E vocês, espíritos libertinos, intelectos pedantes, cabeças fúteis e viciadas, resignem-se: o presente Carnaval não lhes oferecerá muitos recursos.

O poeta de toda a vida

Se aos homens fosse dada (aquilo que raramente acontece) a compreensão do valor e da grandeza de seus contemporâneos, hoje, pela morte de Umberto Saba, toda a nação italiana deveria estar de luto, já que ela atinge não somente as pessoas de cultura, mas todos os italianos e todos os homens. De fato, a Umberto Saba se acrescenta aquele adjetivo raro que atualmente não temos mais coragem de usar para os poetas, mas que em compensação se usa muito frequentemente (e muito sem propósito) para ditadores sanguinários, atores medíocres etc.: o adjetivo "grande". Umberto Saba é um grande poeta e viverá entre os maiores de nossa história.

Talvez, ainda hoje, poucos italianos entendam o privilégio de ser contemporâneo de Umberto Saba. É para mim um motivo de honra e de consolo me encontrar entre esses poucos. E me é caro – embora doloroso neste momento em que meu querido poeta nos deixou – reproduzir, aqui, tudo aquilo que escrevi poucos meses atrás, na ocasião da reedição do Canzoniere *por parte da editora Einaudi.*

Aconteceu na Itália, em relação ao *Canzoniere* de Saba, aquilo que quase sempre acontece com as obras da mais alta poesia: sendo muito *modernas* para seus contemporâneos, precisam esperar para que seu significado seja explicado em sua plenitude para serem incorporadas pelas gerações futuras.

Segundo um presságio do próprio Saba, para que surja o momento de uma poesia tal como a do *Canzoniere* «é necessário que a Itália tenha antes reencontrado a si mesma, ou seja, a melhor parte de sua tradição. Realiza-se, em uma palavra, outro Ressurgimento», isto é, o retorno de uma época em que os *valores da morte* ainda possam se aproximar dos *valores da vida*.

Na realidade, qualquer um que tenha a consciência da história do homem moderno, de suas razões e de seus fins possíveis, percebe a profunda e antecipada *modernidade* do *Canzoniere*. Não há hoje, que eu saiba, nenhuma outra poesia, em que todas as descobertas psicológicas e até mesmo sociais de nossa época se desenvolvam em suas ramificações e em seus laços, desde a abertura do canto límpido e perfeito. E esse *muito* que (segundo a acusação de alguns) Saba colocou em seu *Canzoniere* é, ao contrário, a substância íntima e singular de sua poesia. Através desse *muito* aprendemos a história dessa poesia e a difícil sinceridade desinteressada, que leva às suas revelações absolutas: assim como numa cidade populosa, antiga e viva, na qual, através dos bairros promíscuos e por ruelas magníficas e escadas cansativas, se depara, de repente, com pracinhas, catedrais e jardins fabulosos. Poderíamos dizer que o *Canzoniere* de Saba é o poema ou o romance do homem que, com origem no século XIX, procura os sinais daquilo que ele chamou de o «novo mundo» através da experiência angustiante de nossa época.

Aqueles valores que, imitando uma frase de Saba, poderiam ser definidos como *valores da morte*, são reconhecidos em nossas estéticas contemporâneas pelo estranho culto que têm pelo informe (este também deseja se esconder sob a exterioridade do *abstrato*, do naturalismo maneirista ou do virtuosismo filológico). Ora, o informe é o contrário da poesia, assim como é o contrário da vida, uma vez que a poesia, do mesmo modo que a vida (e a coisa soa muito comum para ser dita!), deseja realmente dar uma forma e uma ordem absoluta aos objetos do universo, tirando-os do informe e da desordem, isto é, da morte.

Ainda assim diríamos que aos nossos críticos atuais (talvez por motivo de alguma *transferência* misteriosa, para usar um termo da ciência freudiana, cara a Saba) é completamente imperdoável uma obra que não se satisfaça em trazer, da morte à vida, um simples e limitado objeto do universo. Ao contrário, ela deseja o universo inteiro, ou seja, o homem em sua totalidade.

A qualidade que diferencia os poemas ou os romances em geral de outros poemas menos extensos é, portanto, exatamente a seguinte: com o nome de poema ou de romance são definidas as obras poéticas em que se reconhece a intenção de refletir o homem em sua totalidade. Assim é o *Canzoniere* de Saba. E ainda nos questionamos se nossa sociedade cultural moderna – com suas inteligências distraídas e reduzidas – é capaz de perdoá-lo por isso.

Da mesma forma que, por exemplo, *A divina comédia* de Dante, *A flauta mágica* de Mozart ou *Em busca do tempo perdido* de Proust, o *Canzoniere* de Saba é e quer ser um poema épico e lírico do destino humano. O homem e seu universo são compreendidos por ele com simpatia irremediável, até mesmo com amor, para a sorte do autor, já que uma lei irremediável da arte e da natureza estabeleceu que não há outro meio de conceber as formas da vida pelo informe da morte. E a simpatia amorosa de Saba enternece e glorifica todas as coisas vivas, restituindo a cada uma delas um sentimento definitivo de gratidão e de perdão.

Todo o percurso desse poema aventuroso e iridescente, ou seja, o *Canzoniere*, é acompanhado por uma voz que parece repetir uma espécie de agradecimento ou de adeus, pois ao mesmo tempo que vangloria, lamenta ou acusa as coisas boas e ruins da vida, esse poema extraordinário jamais esquece, em sua compaixão quase materna, a qualidade vulnerável de tudo o que vive. Porém, é precisamente tal consciência adulta e desesperada que anima a realidade-poesia de Saba, em vez de humilhá-la: quase como se fosse um resgate contínuo da simpatia sobre a angústia e da vida sobre a morte.

Para inventar seu romance do universo real, a Saba resta apenas vagabundear «com olhos novos sob a noite antiga» por sua *periferia* de Trieste: por entre os pequenos mercados, tabernas e a plebe; depois ele pode voltar aos companheiros fiéis (ou também volúveis e traidores) de seu destino. Aquilo que para os outros é, e permanece sendo, resto, absurdo, horror multiforme, ruína, para ele se torna gracioso e absoluto. Lendo-o, recordamos daquele santo oriental, que ao ser indagado por seu discípulo onde estava o divino responde: «Ali, por exemplo, naquela moita». E à segunda pergunta ambiciosa do discípulo, «No que vou me tornar no dia em que reconhecer o divino naquela moita?», o santo lhe responde, dando um pequeno golpe de bastão em sua cabeça: «Será um leão com juba de ouro».

Pelas ruas e pelo mar de Trieste, Saba experimenta a grande aventura da realidade circunvizinha; ao mesmo tempo, outra aventura o fascina: a procura de si mesmo e de sua consciência, a qual explora até as raízes da infância, nos destinos de seus «velhos companheiros, depois de tanto/ penar e especular, ali sepultados». Esse itinerário difícil se estende pelo *Canzoniere* como um maravilhoso Zodíaco, no qual estão representadas todas as constelações.

O próprio Saba, se não me engano, falando de si ou dos poetas em geral, acusou-se, por vezes, de narcisista. Porém, na verdade, quando um poeta alcança sua expressão absoluta – límpida e cheia de confidência –, não é mais o espelho de Narciso que o encanta. Entre os poemas do *Canzoniere* há um que explica, de algum modo, a *poética* de Saba: é aquela *fuga*, uma espécie de idílio religioso, que se intitula «Canto a três vozes». Nesse trio são reconhecidas várias pessoas em que o poeta se divide e que dialogam dentro dele. Entre os significados múltiplos de seus temas, poderiam talvez ser escolhidos, para a poética de Saba, os três a seguir, já que as vozes se diferenciam: a simpatia com a realidade (ou seja, o *realismo*, que é a substância necessária a todo romance, até ao mais fabuloso); a solidão da mente, que se torna madura em si mesma; e a poesia (ou a famosa inspiração), que, diante do espelho, tal como Narciso, talvez acredite estar apaixonada por si mesma, enquanto ama, em si mesma, as cores e o fogo das várias vidas que nela são refletidas e que se tornam, através dela, luzes (e, não sem razão, um filósofo caro a Saba comparou, certa vez, essa *fuga* a um canto do «Paraíso»).

Acontece que em cada época (e em nossos dias mais que nunca!) essas *poéticas* muito *novas* são apresentadas como modernas. Depois, com o passar do tempo, são reveladas suas limitações e seus atrasos, assim como seu conformismo. Desde sempre, os contemporâneos, de todas as épocas, confundem «moda» com «moderno», ou (para usar palavras de Saba), «virtuosismo» com «virtude». Porém, desde sempre (de Giotto a Cézanne ou a Picasso, de Monteverdi a Berg, dos trágicos gregos a Verga ou a Saba), a «poética» destinada à prova do tempo é sempre uma, e Saba parece explicá-la em seu «Canto a três vozes». Semelhante aos protagonistas dos mitos, das fábulas e dos mistérios, cada poética precisa passar pela prova da realidade e da angústia até chegar à limpidez da palavra que a liberta, libertando também o mundo de seus monstros irreais. E nessa travessia corajosa todo poeta é um pioneiro, porque o drama da realidade não tem fronteiras e é sempre diferenciado.

Quando se pensa no destino difícil, isolado e doloroso de Umberto Saba, e no milagre desse destino, encontra-se o *Canzoniere*, que nestes dias sai reeditado. Eu gostaria de viver numa civilização que soubesse celebrar dignamente acontecimentos dessa natureza. Deve-se a Saba se a poesia italiana mais digna (a mesma que, falando com suas raras vozes aos italianos através dos séculos, lhes salvou aquilo que Saba chama de «valores da vida») continua seu discurso, ainda hoje, com uma voz nova e única.

Sobre o romance

Para evitar qualquer mal-entendido acredito que convenha, desde o início, entrar em acordo sobre a definição de *romance*.[10] Parece-me, de fato, que a seu propósito ainda existem algumas convenções, todas exteriores, que limitam ou confundem as opiniões.

Segundo a ideia corrente, mereceria o título de romance qualquer narrativa em prosa que esteja de algum modo traçada, em suas partes, por um enredo unitário e que, em sua extensa papelada, atinja um peso não inferior a uma quantidade de cem gramas.

Acontece que, por consequência, qualquer um que tenha preenchido trezentas páginas com fofocas ou alongado até a página trezentos uma novelinha agradável presume-se autor de romance. Enquanto, talvez, por um erro de cem ou duzentos gramas, é classificado, em algum lugar, como um entre os muitos modelos perfeitos de romance, *A estepe*, de Tchecov.

---

10 Este artigo foi escrito por Elsa Morante em resposta a uma pesquisa sobre o assunto promovida em 1959 pela revista *Nuovi Argomenti*. As nove perguntas que foram feitas podem ser encontradas em «Nota sobre os textos», p. 149.

Além disso, segundo as rígidas e, às vezes, inadequadas definições de «gêneros», as histórias literárias acadêmicas acabam por estudar, em suas discussões sobre o romance – como é lógico –, *O burro de ouro*, por exemplo, ou *D. Quixote*; mas não *Eneida*, por exemplo, ou *Orlando furioso*, que em sua substância também são romances, podendo ser estudados sob o mesmo título dos dois primeiros. Nas considerações acerca da arte do romance, não importa se os primeiros são escritos em prosa e os últimos, em versos. Do mesmo modo, na arte teatral, podem aparecer dramas em versos ou em prosa; mas não são determinados, por isso, como dois «gêneros» distintos. *O jardim das cerejeiras*[11] pertence à arte do teatro, assim como *The Cocktail Party*.[12]

No que me diz respeito, confesso que chego realmente a considerar romances o *Canzoniere* de Petrarca, por exemplo, ou *Os sonetos* de Shakespeare (pelas mesmas considerações substanciais que nomeiam como romance *La princesse de Clèves*[13] ou *Em busca do tempo perdido*).

Em outros momentos (por exemplo, em 1957, a propósito do *Canzoniere* de Saba)

---

11 Última peça de Tchecov, encenada pela primeira vez em 1904 no Teatro de Arte de Moscou.

12 Célebre peça de T. S. Eliot, representada pela primeira vez no festival de Edimburgo, em 1949.

13 Romance francês publicado anonimamente por Marie-Madeleine de La Fayette em 1678.

já expus minhas razões sobre esse assunto. E desculpem-me, portanto, se, repetindo em parte coisas já ditas naquela ocasião, apresento aqui uma definição de romance que, a meu ver, parece adequada (mas a dou, naturalmente, por aquilo que vale): romance seria toda obra poética em que o autor – através da narrativa repleta de acontecimentos exemplares (escolhidos por ele como pretexto ou como símbolo das «relações» humanas no mundo) – apresenta *inteiramente* uma sua imagem do universo real (isto é, do homem em sua realidade).

Não é preciso perceber, evidentemente, que «obra poética» significa, por definição, a obra que, através da *realidade* dos objetos, restitui a estes sua *verdade* poética: todos sabem que essa verdade é a única razão do romance, bem como de toda a arte. Desse modo, a *totalidade* da imagem representada diferencia o romance do conto. O conto, de fato, representa um «momento» da realidade, enquanto o romance representa *uma* realidade. (Disso não se infere, no entanto, uma *superioridade poética* do romance sobre o conto! Não se trata de qualidade superior ou inferior, mas de uma relação diferente com o universo.)

É necessário, porém, acrescentar que uma seleção de contos – quando é produzida com a riqueza homogênea de suas partes, em uma totalidade coerente e harmoniosa – certamente tem valor de romance. Assim, concluímos que «A carta roubada» de Poe é um conto; todavia, o volume dos *Contos extraordinários* (no qual «A carta roubada» se insere) pode ser certamente identificado como um romance, em que cada um dos contos representa um capítulo. Muitas das narrativas singulares de Tchecov são, distintamente, contos; mas a seleção dele em *Contos* (mesmo sem contar com aqueles tais como *A estepe, Uma história entediante* etc., que já são romances em si mesmos) tem, sem dúvida, valor de romance, visto que apresenta um sistema inteiro (o sistema tchecoviano) das relações humanas e do universo real.

Livre, então, de certos esquemas supérfluos e mais bem entendido segundo suas origens e suas razões poéticas, o romance não pode se restringir à medida de um *gênero literário*, fixado por convenções acadêmicas ou determinado por contingências culturais. O gosto de *inventar* a história inexaurível da vida é uma disposição humana natural, comum a todas as épocas e a todos os países (até mesmo as lendas mitológicas e populares são uma espécie de romance coletivo).

O romance em prosa, que prevaleceu (embora não exclusivamente) do século XVII em diante, não é nada mais que o sucessor direto do poema narrativo, ou seja, do romance em versos; não se pode dizer que o romance em versos não consiga, no futuro, voltar a florescer (de resto, já em tempos modernos reapareceram ocasionalmente alguns exemplos marcantes, como *Childe*

Harold,[14] *Eugenio Onegin*,[15] etc.), assim como não se pode dizer nem mesmo que, no futuro, o romance não possa também se revestir de aspectos novos, até o momento inéditos. No entanto, a variação dos pretextos e dos modos exteriores deixa o antigo sem variação e torna espontâneo o motivo humano, ao qual responde a arte do romance. A arte narrativa (igualmente àquela do teatro ou da poesia lírica) é uma das formas necessárias de que se vale o homem para suscitar, com o uso da palavra, uma verdade poética, sempre nova em relação aos objetos reais (segundo a finalidade de todas as artes, que é a renovação perene da realidade). E essa arte encontra, no romance, sua inteira configuração.

O romancista, semelhante a um filósofo-psicólogo, apresenta em sua obra um sistema único e completo do mundo e das relações humanas. Mas, em vez de expor seu sistema em termos de raciocínio, é levado, por sua natureza, a configurá-lo numa ficção poética por meio de símbolos narrativos. Todo romance, por isso, poderia, por parte de um leitor atento e inteligente (mas infelizmente tais leitores são muito raros, em especial entre os críticos) ser traduzido

---

14 *Childe Harold's Pilgrimage* é um longo poema narrativo escrito pelo poeta inglês Lord Byron, publicado entre 1812-8.

15 Romance em versos escrito por Aleksandr Púchkin, publicado em série entre 1825-32.

em termos de ensaio e de «obra de pensamento». E se for verdade que alguns romances (ao contrário daqueles que se fiam à representação pura) se valem, dentro de suas estruturas, de modos e formas declaradamente ensaísticos, essa diferença não se verifica apenas na época moderna, mas é comum a todos os tempos. *A divina comédia*, ao contrário da *Ilíada*, é um romance ensaístico; *Os noivos* é um texto ensaístico, ao contrário de *Os Malavoglia*. Assim como hoje o romance de Musil é ensaístico, ao contrário de Hemingway; porém, a mesma e válida coexistência desses dois autores, talvez prove que não se pode estabelecer uma prevalência decisiva de uma forma sobre outra no romance contemporâneo.

Acredito realmente que a escolha entre as duas formas dependa — ainda mais que de possíveis contingências externas — do gênio de cada um dos autores. Todos sabem que a razão e a imaginação, por natureza, equilibram-se em todo ser humano de diferentes modos; mas também que, em sua harmonia singular, ambas as funções são necessárias à saúde e à sobrevivência de todas as culturas.

Sem uma ou outra dessas duas funções — embora equilibradas de diferentes formas — é impossível descobrir qualquer que seja a verdade das coisas. E se o romancista — como todo artista — se diferencia especialmente pela qualidade imaginativa, por outro lado também se exige dele um dom superior de razão. De outra forma, não lhe seria possível colocar em ordem, de maneira afortunada, em suas partes, aquele pequeno modelo de arquitetura do mundo que se configura em todo verdadeiro romance.

Essa inteligência necessária, porém, revela-se certamente de uma qualidade mais generosa e límpida quando não trai, na página, a presença do autor; no entanto, parece se manifestar espontaneamente em relação às coisas representadas, como uma propriedade delas. Então se alcança a beleza humana mais encantadora: aquela em que a razão se confunde com a graça. Nisso, de fato, está a beleza de certas obras-primas de *representação pura*.

No que se refere a este último fato, sabe-se que os romancistas (mesmo aqueles ensaísticos) nem sempre estão conscientes de todas as verdades que descobrem; mas isso não importa, já que descobrem suas verdades para os outros, mais do que para si mesmos. O que conta para eles não é a consciência dos meios ou dos resultados, mas, sim, a fidelidade desinteressada por um único compromisso: interrogar com sinceridade a vida real, com o intuito de que esta nos devolva sua verdade em resposta.

Essa eterna interrogação de todo poeta é – hoje, mais que em outros tempos – para o romancista uma exigência não apenas de sua inspiração, mas de sua consciência. Assim, cada vez mais, soam equivocadas e desafinadas as vozes de certos *criticozinhos* de romances, que falam arbitrariamente de *compromisso* e de *evasão*, demonstrando somente, com seus critérios pobres, suas deficiências crítico-humanas. Eles, evidentemente, ignoram que um romance *bonito* (e, portanto, *verdadeiro*) sempre é o resultado de um *compromisso* moral supremo; e que um romance *falso* (e, portanto, *feio*) sempre é o resultado de uma *evasão*, desde o primeiro e necessário compromisso do romancista, que é com a verdade.

É preciso reconhecer, nesse sentido, que esses críticos raramente ousam nomear a verdade: nomeiam com muito mais prazer a *realidade*, mas têm o poder, com seus argumentos, de tornar irreal até mesmo tal nome. De fato, não se compreende de que modo existe o fetiche inerte e rudimentar, com o qual pretendem identificar a «realidade absoluta».

Se a realidade fosse aquele simulacro convencional exaltado por eles, a ciência e a arte estariam mortas desde o nascimento por falta de alimento. Como qualquer outra experiência humana viva, a arte se nutre apenas de realidade. E certamente não bastariam as presunções ignorantes de nossos pequenos conformistas para fazê-la morrer de inanição e de tédio.

A riqueza da realidade, a despeito da falta de razão desses críticos, é inesgotável: ela se renova e se multiplica em cada criatura viva que parte para a explorar. A multiplicidade das existências não teria nem significado nem razão caso não se descobrisse para cada existência uma realidade diferente. A aventura da realidade é sempre *outra*. No entanto, ao romancista (como a qualquer outro artista) não basta a experiência contingente de sua aventura. Sua exploração precisa se transmutar num valor para o mundo: a realidade corruptível precisa ser transformada por ele numa verdade poética incorruptível. Essa é a única razão da arte, e esse é seu *realismo* necessário.

Exemplos supremos de *não realismo*, de *não compromisso* e de evasão parecem-me produtos do *realismo socialista* (assim chamado) ou do (como se costuma chamar) *neorrealismo* contemporâneo.

Um verdadeiro romance, portanto, é sempre realista, até o mais fabuloso! E muito pior para os medíocres que não sabem reconhecer sua realidade. Somente uns tolos, por exemplo, poderiam desconhecer o realismo de Alighieri: pelo que se sabe, seu romance pretendia narrar as peripécias de um ser vivo além-túmulo, colocando os anjos e os diabos em cena. Da mesma forma, por exemplo, é realista a narrativa de Poe, já que as figuras, que projeta no mundo representam verdadeiramente a psicologia real de um homem vivo. Se ele, alterando sua realidade psicológica, tivesse descrito com zelo documentário, tornando-se bom exemplo de seus concidadãos burgueses, os honestos passatempos dominicais de uma familiazinha puritana, então, certamente, *não* teria sido realista. Verga não teria sido nem mais nem menos realista se, no lugar de projetar no mundo (segundo sua realidade psicológica) as figuras de *Os Malavoglia*, tivesse fabricado, como bom exemplo de sua paróquia ou dos círculos da caça locais, uns pescadorezinhos e umas pescadorazinhas, como aqueles dos calendários ou dos cartazes turísticos.

Poderíamos dizer que o mundo de Poe é subjetivo, enquanto o de Verga, ou, acrescentemos, de Flaubert, é objetivo; porém, a distinção apenas valerá para qualificar a forma psicológica singular desses poetas distintos, e não para negar a realidade de um ou de outro. O drama do homem Poe, que se projeta nos símbolos narrativos do poeta Poe, não é menos real que o drama dos pobres pescadores sicilianos ou da pequena burguesia de província, os quais se refletem nos símbolos narrativos dos poetas Verga ou Flaubert. Todo drama humano é real, e todo romance que represente esse drama segundo a verdade é realista.

Além disso, todo drama humano, enquanto humano, é um drama psicológico. Seria uma ofensa tola caso se reconhecesse no homem somente a função social (de poeta ou de médico municipal, de rei ou de pescador) e se ignorasse sua primeira verdade e a mais humana realidade de seu drama, que é uma realidade psicológica. Tolstói, escrevendo (se recordo bem) ao jovem Gorki, advertiu-o que *é lícito inventar qualquer coisa num romance, exceto a psicologia.* Para mim, essa é a única e absoluta lei do realismo no romance.

Todo verdadeiro romance é um drama psicológico, porque representa a relação do homem com a realidade. E o primeiro termo dessa relação é, *a priori*, o autor do romance, já que é sua orientação psicológica que determina a escolha de seu itinerário na exploração do mundo real. Poderíamos dizer que a aventura humana, representada num romance, é sempre subjetiva, porque significa sempre, em sua verdade, o drama humano do romancista (isto é, sua relação singular com o mundo). Caso se isolasse o sentimento predominante que estimula, em todo romance, sua descoberta do mundo, poderíamos reconhecer que em Verga, por exemplo, tal sentimento é a *piedade*, em Flaubert (assim como em Cervantes) é o *ideal romântico*, em Melville é a *religião materna*, em Kafka, o *medo da existência e das «relações» no mundo*, em Poe, o *horror da morte*, e assim por diante. São sentimentos subjetivos, mas o drama, que nasce deles, tem sempre, como todo drama, um termo de relação objetiva, que é, em todo romance, o mundo real. Assim, parece-me exterior a distinção entre romances subjetivos e objetivos. E em relação à hipótese de que o romance *vira definitivamente as costas à psicologia*, parece-me absurda em sua enunciação, porque o romance é, em si mesmo, a *projeção de uma psicologia* no mundo. Ele se torna essa projeção quando entrelaça, de modo fabuloso, os acontecimentos, mas não menos do que quando se detém para examinar, em termos de análise psicológica, as consciências e as relações humanas. Aliás, no que diz respeito à escolha entre essas duas diferentes formas expressivas (a fabulosa e a psicológica), diria também aqui (tal como para o romance de pura representação em relação àquele ensaístico) que essa escolha, mais do que das sociedades ou das modas mais variadas, talvez sempre dependa da própria *psicologia* que distingue cada autor de romance de qualquer outro autor, bem como cada homem de outro. Suponho, por isso, que a coexistência dessas duas formas seja um fenômeno natural em qualquer tempo (bastaria recordar que um mesmo século viu nascer o psicológico *Canzoniere* de Petrarca e o objetivismo puro do *Decameron*).

Parece-me justificado, ao contrário, por uma exigência particular de nosso século, o uso habitual e singular, por parte dos romancistas modernos, da primeira pessoa. É um fato que a multiformidade interminável e instável (a chamada «relatividade») do objeto real, embora tenha sido sempre prevenida pelos sentidos e pela inteligência dos homens, hoje se tornou uma aquisição de todas as ciências, colocada completamente a seu serviço e confirmada, com evidências espetaculares, pela prática. Concordar (o que seria um erro) com os gregos antigos que acreditavam numa «realidade absoluta» seria impossível para um homem moderno, a menos que fosse um analfabeto ou um selvagem. Portanto, no momento de fixar sua *verdade* através de sua atenção pelo mundo real, o romancista moderno, em vez de evocar as musas, é induzido a originar um *eu* que narra (protagonista e intérprete) e que lhe possa servir de álibi.

Quase como se quisesse dizer em sua defesa: «Entende-se que aquela por mim representada não é *a realidade*; mas uma realidade relativa ao eu de mim mesmo, ou relativa a outro eu, diferente na aparência de mim, que em substância, porém, pertence-me, e no qual eu, agora, me personifico por inteiro». Assim, mediante a primeira pessoa, a realidade mais uma vez inventada torna-se uma verdade nova.

Portanto, a *primeira pessoa responsável* é uma condição moderna; porém, não quer dizer que seja definitiva. A enorme reforma científica do mundo é, ainda hoje, uma novidade em plena ação: e as consciências presentes entram novamente em choque com ela. Todavia, é possível (louvável!) que, mais tarde, sofrido o trauma científico e industrial, e tendo recuperado sua natureza, o homem abandone novamente, sem repugnâncias mentais, as propostas imediatas da realidade.

Assim, por exemplo, é provável que isso produza, na época das grandes descobertas astronômicas, para qualquer poeta, certo ceticismo ao chamar a lua de «cândida vela do céu», «virgem da noite», e assim por diante. Os astrônomos, no entanto, permaneceram sendo os patrões de suas verdades, e os poetas, por sua vez, retomaram as suas; e, através dos séculos, até Leopardi e

Ungaretti continuaram oferecendo madrigais à lua, como fazia Safo.

As verdades científicas são, sem dúvida, legítimas: porém, as verdades poéticas, sem dúvida, não são menos legítimas. E jamais, como em períodos de ditadura científico-industrial, pede-se aos poetas que defendam suas verdades, como se estivessem num feudo ameaçado, o qual lhes pertence. No entanto, seria um bem necessário a todos. O mundo vivo ia se reduzir a um campo de maldição e de extermínio se os homens deixassem de reconhecer os símbolos da verdade poética nas coisas reais.

Todavia, a defesa necessária de sua verdade nunca poderia justificar a ignorância, a ausência ou a recusa. Ao contrário, ao romancista (mais do que a qualquer outro artista) é necessária – hoje, especialmente – a consciência dos percursos realizados antes dele e do ponto presente a partir do qual ele se move. Para se tornar maduro à sua escolha, o romancista precisa ter experimentado em si mesmo a prova comum, até a última angústia. E precisa ter assimilado as verdades do passado e a cultura de seus contemporâneos. «Ter assimilado» significa, nesse sentido, um enriquecimento, e não uma intoxicação ou um ingurgitamento.

Desse modo, no momento de sua atenção máxima em relação às coisas reais (isto é, no momento em que começa a escrever), o escritor terá que construir o silêncio ao redor de si mesmo e terá que se libertar de todo fundo cultural, de todo fetiche e de todo vício conformista. Sua consciência segura e madura, naquele instante, precisará se recolher e se fixar num único ponto: o objeto real de sua escolha, visando lhe confidenciar sua verdade. Com o sentimento aventureiro e quase heroico daquele que procura um tesouro subterrâneo, ele sentirá a necessidade de procurar a única palavra que representa o objeto preciso de sua percepção em sua realidade.

Essa palavra é justamente a verdade desejada pelo romancista. E bem aqui, em seu ato de escrita, o romancista vai inventando sua linguagem. É o exercício da verdade que leva à invenção da linguagem, *e não o contrário*. Com o puro exercício das palavras – onde não são reveladas pelas coisas e discutidas pelo diálogo com as coisas – talvez até utilize um artifício elegante, mas não vai inventar nada.

O problema da linguagem – como qualquer outro problema do romancista – identifica-se e resolve-se, no último momento, na realidade psicológica dele mesmo, isto é, na qualidade íntima de sua relação com o mundo. O mais vivo segredo de uma linguagem nova (ou seja, válida para abrir novos itinerários à aventura humana no mundo real) se reencontra numa livre e desinteressada simpatia do romancista pelos objetos da natureza e do universo humano. Essa é a primeira lei vital, sem a qual não se pode produzir uma linguagem nova, regendo as máximas comparações da vida.

E, quanto mais o romancista estiver próximo de sua maturidade perfeita, tanto mais sua linguagem será simples e límpida.

De fato, se a realidade é entorpecida, a verdade é naturalmente límpida em suas cores. E a arte mais difícil, para o romancista, é refletir em sua linguagem a limpidez da verdade. Por isso, fazem certas maravilhas nossos jovens críticos cheios de talento, os quais o gastam na análise artificiosa de páginas artificiosas, não reconhecendo (porque oculto, como o próprio segredo da vida) aquilo que (hoje especialmente) é o trabalho mais difícil ou a graça mais rara.

Respondendo, agora, à pergunta sobre o dialeto, parece-me necessário afirmar que o dialeto – a fim de que não adquira as razões e a força vital para se elevar a instrumento universal de uma cultura – não pode «dizer tudo».

A função do romance é transmitir e comunicar uma verdade; e toda verdade, para ser absolutamente expressa e comunicada, precisa se valer de símbolos universais, escolhidos na língua da cultura. Justamente, aqui, determina-se sem solução o limite de qualquer obra (mesmo genial) escrita em dialeto, que é ao mesmo tempo, naturalmente, também o limite de seu autor.

Por outro lado, parece-me que de certa maneira a utilização de palavras e de formas da linguagem coloquial (não só dos dialetos, mas também das gírias) no romance é, mais que legítima, saudável e absolutamente necessária, porque a língua perderia sua função vital se não recebesse alimento da vida. Porém, esse alimento, para valer enquanto tal, tem que ser assimilado: acontece de semelhantes palavras ou formas dialetais, ou gírias, (ou, talvez, palavras ocasionalmente inventadas pelo escritor) serem assumidas naturalmente pela qualidade do escritor entre os valores singulares da língua e da cultura. Eis o motivo pelo qual, nos verdadeiros romances, a novidade de certos modos logo é sentida, enquanto é naturalmente assimilada como elemento único da linguagem, ao passo que em outros romances é percebida como elemento indigesto, híbrido e extravagante. Aqui se denuncia sua necessidade ou sua intrusão forçada, e aqui também se deixa de reconhecer a presença ou a ausência de um compromisso verdadeiro com o trabalho artístico. Porque, no primeiro caso, o uso de elementos novos na linguagem é solicitado por uma exigência absoluta de verdade; ao passo que, no segundo caso, é exigido somente em função exterior do pitoresco, para servir ao esnobismo, à histrionice ou ainda ao oportunismo do autor.

Portanto, muito frequentemente, nos romances modernos e especialmente nas passagens com diálogos, o uso do dialeto não obedece a uma intenção qualquer – legítima ou ilegítima – de enriquecimento da linguagem ou de alargamento do território real; mas somente em relação à moda contemporânea do *documentário*, que, por sua falsa presunção, sempre oferece produtos falsos. Os personagens de *Os Malavoglia* não falam em dialeto siciliano, como seus modelos reais; em italiano, conseguem ser muito mais verdadeiros. A função do romancista não se reduz à gravação da crua realidade falada (para isso seria necessário apenas um gravador); no entanto, encontra motivação na expressão da verdade humana, restituída por seus diálogos reais. Não há coisa mais irreal (e, aliás, espectral) que uma voz «registrada verdadeiramente», decaída e morta, recitada por um autômato. E não há coisa mais real, e para sempre viva, que um diálogo qualquer entre amantes italianos junto à Corte de Parma, referido no diálogo francês stendhaliano, ou seja, por Stendhal, seu inventor.

Na realidade poética, característica do romance, um diálogo, para ser realmente verdadeiro, precisa ser inventado. A transcrição documentária de uma realidade praticamente auditiva corre o risco de ser reduzida, na página de um romance, a uma larva apagada que não diz nada.

Em relação à *realidade puramente visual* pregada por uma jovem escola francesa moderna (chamada, se não me engano, de «*du regard*»), confesso que ainda não li nenhuma das obras produzidas por ela, mas sua tese programática, assim como é enunciada na presente pesquisa, inspira-me certa perplexidade. De fato, pergunto-me a quem pode ser dada uma *realidade puramente visual*, exceto a uma máquina fotográfica; e em nome de qual «valor de verdade» o organismo completamente articulado e complexo de um romancista precisa ser forçado a imitar o trabalho de um pobre mecanismo óptico de um laboratório. Imagino que possa se tratar de um exercício ascético digno: como assistir a um concerto com as orelhas cheias de cera Ohropax ou só ingerir limonada. Porém um espetáculo de ascetismo, por mais moralizador que seja, não representa em si mesmo um romance nem uma obra de arte; suponho, por isso, que eu possa, em ocasião da presente pesquisa acerca da arte do romance, suspender sem muitos remorsos minha opinião sobre essas modas ascético-literárias. Poderá surgir entre uma estação e outra uma escola ainda mais moderna que a atual escola da *realidade puramente visual*, a qual talvez pregue, por exemplo, uma *realidade puramente olfativa, gustativa* ou algo semelhante. E então, a menos que não seja considerada fora de moda, tudo começará novamente.

Outra característica fundamental, que diferencia os medíocres dos falsos romancistas, é a preocupação – a intenção programática – de ser percebidos, a qualquer custo, por seus contemporâneos como «novos», «modernos», «vanguardistas» etc. De fato, é compreensível que um medíocre e um falso romancista tenham a preocupação de excitar a curiosidade de seus contemporâneos, já que, fora daquela que lhe oferecem seus contemporâneos, não lhe será dada nenhuma outra ocasião para ser lido. Surgindo uma nova geração – ou, talvez, mesmo que logo na próxima estação –, sua falsa realidade não enganará mais ninguém. Já o verdadeiro poeta sente (mesmo que não o saiba) que muitos de seus leitores ainda precisam nascer e que sua realidade é para sempre verdadeira.

O verdadeiro romancista não se preocupa em, muito menos se impõe como programa, parecer novo e moderno; no entanto, sempre o é, mesmo que não tenha aparecido ao lado dos vulgares desde o início, ou se tenta não o ser. Como poderia não ser, se vive como homem, em seu tempo? E se como artista é o centro sensível (querendo ou não) de seu tempo, dos fenômenos contemporâneos e das «relações» reais?

Uma experiência humana sentida e manifestada com sinceridade é sempre única e nova. Seu valor de verdade não tem duração se sua representação é obra de um verdadeiro poeta. Porém, como experiência humana, esta também é definida, por necessidade, pelas dimensões humanas do espaço e do tempo; por isso, qualquer que seja a vontade de seu testemunho, ela sempre significará, necessariamente, a realidade definida pelo espaço e pelo tempo através dos quais foi transmitida. Em suma, um verdadeiro romancista – seja qual for o caso ou o destino, subjetivo, individual ou coletivo, que oferece pretexto aos seus romances – sempre comunicará às gerações contemporâneas e futuras as verdades mais seguras sobre o «lugar geográfico» e sobre o «tempo histórico» em que viveu sua experiência humana. Petrarca descreve, num poema psicológico-intimista (fora de toda história e de toda nação), o segredo mais íntimo, ou seja, o amor por uma mulher casada. Portanto, no *Canzoniere*, há uma imagem perfeita da Itália do século XIV. *Os noivos*, por outro lado, conta uma história do tempo dos Lanzichenecchi, representando uma imagem perfeita do século XIX italiano. Kafka escreveu algumas fábulas surreais; todavia, nenhuma exposição fotográfica ou documentário transmite atrocidades verdadeiras de nosso século com a força de suas fábulas surreais.

Enfim, concluindo: se hoje, 1959, um verdadeiro poeta decidir escrever um romance, por exemplo, sobre a guerra da Argélia, Pia dei Tolomei[16] ou o cotidiano de seu gato, seu romance será, de todo modo, absolutamente moderno, *comprometido*, humano e real. Também oferecerá às gerações presentes e futuras – além de seus significados incomensuráveis – uma medida perfeita e um *retrato completo* de 1959. Enquanto um falso poeta, por mais que se esforce, mesmo narrando os fatos de guerras mais recentes

---

16 Dama de Siena identificada, segundo uma antiga tradição dos comentadores de *A divina comédia*, com a Pia citada por Dante no canto V do «Purgatório».

ou acerca do lançamento do Lunik, ou sobre a última partida entre Roma e Nápoles, seu romance não será moderno, não pertencerá a nenhum «tempo histórico» e a nenhum lugar real, ficando fora de toda dimensão. Terá, então, uma aparência falsa, irreal e sem vida, que não significa nada.

O valor, também histórico, de um romance não depende de seus pretextos narrativos, mas de suas verdades. É função da inteligência, da liberdade, do julgamento e da atenção dos contemporâneos reconhecer suas verdades – até as mais ocultas ou inconfessadas – nas representações de seus poetas. O fato é que – assim como todas as dimensões humanas convencionais – mesmo aquela do «tempo histórico» se torna frequentemente (nas mentes não livres) um preconceito.

No entanto, preservo-me bem do preconceito contrário. A arte não pode, por princípio, adotar a recusa das convenções. Os símbolos poéticos, pelo valor universal que contêm, são todos, em si mesmos, convenções, sem as quais nenhuma verdade poética poderia ser comunicada. Os fatos históricos, mesmo contemporâneos, ofereceram no passado ricos valores simbólicos aos poetas. Tanto é verdade que deles nasceu, por exemplo, um poema como *Guerra e paz*. Ah... se Deus permitisse que certos fenômenos históricos atrozes de nosso século pudessem ainda hoje ser propostos a qualquer poeta como símbolos de verdades desdobradas, com a finalidade de se tornar um valor poético sem finalidade para nós contemporâneos e para todos os outros...

Assim, não se deveria excluir, de forma alguma, a possibilidade de um «romance histórico nacional» contemporâneo. É necessário apenas saber se o valor dos símbolos, como «nação» e outros semelhantes, não está atualmente comprometido ou foi substituído por outros valores. Porém, uma discussão desse tipo ultrapassaria os limites da presente pesquisa, bem como os meus.

Falta-me agora responder à pergunta (que esta pesquisa coloca logo no início) a respeito da crise do romance e das artes em geral. Talvez de minhas respostas precedentes já se possa compreender que – se por *crise* se entende (como é compreendido por muitos hoje) *crise mortal* – não acredito nessa possibilidade. A arte é uma manifestação necessária dos homens, já que «ser humano» significa «aventura consciente no mundo real», «imaginação, exigência desesperada de verdade», «religião do futuro e do testemunho». Eu acrescentaria «necessidade de se reconhecer na beleza», mas não quero assustar meus amigos com a palavra «beleza», pois lhes causa medo. De resto, verdade poética e beleza são a mesma coisa. Digamos, portanto, que «a verdade poética como espelho» é uma das razões fundamentais do homem. Excluído dessa razão, até o homem mais miserável e degradado definharia até a morte. A menos que não queira pressupor uma desnaturação definitiva do homem (como um desaparecimento do ser humano do mundo), não se pode considerar possível uma crise mortal da arte.

Ao contrário, se por crise entende-se «desenvolvimento» ou «transformação» (ou, talvez, «eclipse temporário»), é evidente que toda forma artística, como qualquer outra expressão humana, participa das crises periódicas da sociedade e da vida; aliás, é seu centro sensível. Nosso século é o lugar de um trecho dramático, o qual se pode traduzir, na psicologia, numa crise de angústia. Dessa forma, muitos artistas modernos projetam no mundo suas imagens reais (que eles chamam de abstratas) dessa angústia. Tanto que, muito frequentemente, ainda que chamados de «artistas», eles abdicam de seu ato de criação, a primeira razão da arte, que é a forma da verdade expressa através da realidade das coisas. Suas imagens se limitam a restituir a crua realidade de sua angústia. E aqui, curiosamente, certos pintores da arte abstrata se unem àqueles que julgam seus contrários, isto é, os *naturalistas* e os *documentaristas*. De fato, um e outro indicam o mesmo fenômeno: registro de uma realidade crua – não importa se subjetiva ou objetiva –, renunciando o valor da verdade e, por consequência, da arte.

Numa renúncia semelhante – ainda que por outro caminho – são igualmente reduzidos os seguidores de outra (e, de certo modo, oposta) arte abstrata, os quais, fugindo amedrontados pela plenitude de sua consciência, espectadora da angústia, ficam exilados no deserto extremo das relações matemáticas e espaciais. Poderíamos lhes repetir que um exercício ascético, em si mesmo, não significa um resultado artístico; mas, enfim, que surja a suspeita de que todas essas «ascensões» da arte contemporânea também possam se enganar, por si mesmas, em sua possível presunção edificante. Realmente, aquilo que elas procuram, no fim de sua fuga, não é um novo princípio de vida, mas a última esterilidade da morte.

De todo modo, permanece a certeza de que mesmo essa abstração ascética, como a abstração precedente, é uma negação resoluta da arte. Esta, sem dúvida, ambiciona se alienar através dos objetos da vida real, reduzindo a multiplicidade dos símbolos ao nada, enquanto o primeiro segredo da arte está em sua simpatia com os múltiplos objetos do mundo real, que ela, por sua qualidade, precisa saber traduzir em símbolos de verdades sempre novas, para renovar perenemente o mundo e a vida. «Uma arte sem objetos» é uma proposição absurda em seus termos, assim como «uma vida sem seres vivos». Parece estranha, nesse sentido, a pretensão sentimental moderna de querer reconhecer afirmações de valores poéticos dentro das negações desses valores. No entanto, tal pretensão, talvez, possa valer para confirmar, por fim, a exigência perene e desesperada de valores poéticos no mundo.

É necessário observar, nesse ponto, que a abdicação dos símbolos, e certas «regressões» e «reduções» por causa da angústia, embora não possam justificar com o título de «arte» seus produtos, confessam-se, em si mesmas, como nuas experiências humanas. A psicologia moderna tem ensinado que frequentemente a angústia, em seu extremo, busca um remédio e um repouso na redução espectral do mundo e no retorno à desordem do informe e do pré-natal. Também nos mitos, a luta contra dragões infernais, as descidas subterrâneas e as travessias pela ficção noturna refletiriam essa experiência psicológica comum.

Igualmente, nos mitos, lê-se que o protagonista solar (ou seja, a imaginação racional, consciente do destino) ressurge através do testemunho da noite, liberando a cidade devastada. Pede-se a ele para que enfrente a angústia, não para obedecer à morte ou para dar um espetáculo de si mesmo, mas para ter consciência absoluta. Todo homem pode reencontrar em si uma resposta às suas perguntas, mesmo àquelas que até a ciência, a história ou a religião respondem de modo incerto. Essa última resposta (restituída a ele por sua razão juntamente com sua imaginação) é o ponto luminoso da «verdade poética», reconhecível em todas as coisas reais.

Quando o mundo se encontra em momentos dramáticos, mais que nunca seria desejável uma consciência clara e desinteressada por parte dos artistas, em especial dos escritores. Assim, o poeta e principalmente o romancista (igualado aqui talvez somente ao poeta trágico) representam no mundo a completa harmonia da razão e da imaginação, isto é, a completa e livre consciência humana, a intervenção que resgata a cidade humana dos monstros do absurdo.

Não será o bastante apenas reconhecer passivamente os sinais da doença, denunciando-os pelo massacre e pelo escândalo comum. Para ele se trata de realizar a travessia amarga da angústia de olhos abertos (como se costuma dizer), de modo que reencontre, mesmo em meio às confusões mais aberrantes e disformes, o valor oculto da verdade poética, para restituí-lo aos outros. Assim fizeram, por exemplo, Proust e James; assim fez Svevo; do mesmo modo, Saba (para silenciar, ainda hoje, os seres vivos). *Não* o fez, por outro lado, Joyce em *Ulysses* (com muitas desculpas ao joycianos; é claro que meu ponto de vista talvez esteja errado, e, neste caso, posso me arrepender).

Honestamente, parece-me injusto denunciar, em nossos dias, uma crise do romance, enquanto nas últimas décadas foram produzidos romances maravilhosos (e não poucos também na Itália, mas, por um acaso do destino, os italianos não parecem nem muito conscientes nem muito reconhecedores disso).

Graças à obra de grandes escritores e de pensadores modernos deste século foram abertos novos itinerários, fascinantes e ainda misteriosos, pela exploração da realidade psicológica e da sociedade humana. Uma aventura dramática, infinita e cheia de imprevistos propõe-se à consciência dos novos romancistas. Ao contrário daquilo que algumas pessoas afirmam, eu diria que talvez esteja para começar uma nova e grande época para o romance.

Assim, mesmo com a hipótese (até agora não demonstrada) de que há um eclipse nas outras artes contemporâneas, parece-me que ele não conseguirá afetar a arte do romance. As mesmas sombras que podem atualmente ameaçar outros artistas, projetando-se entre eles e a realidade, são direcionadas, aliás, ao romancista, como se fossem tentações à consciência real. Não se pode esquecer que o romancista, por sua natureza, não é somente um termo sensível na relação entre o homem e o destino, mas também o estudioso e o histórico dessa relação que se mostra sempre outra.

Nem mesmo os motivos de caráter «instrumental», que hoje parecem conjugar uma possível crise das outras artes, não deveriam ameaçar a arte do romance, a qual se exprime e se efetiva na palavra. Esta sempre se renova no ato da vida e (menos que a ruína da civilização) não pode ser diminuída a objeto prático, apagado e desgastado. Qualquer instrumento pode definhar ou entrar em decadência, porém, a palavra renasce naturalmente com a vida, todos os dias, fresca como uma rosa. Dessa forma, mesmo que os músicos modernos queiram recorrer à física eletrônica, os pintores queiram substituir o pincel pelo maçarico oxídroco e os escultores, no lugar da matéria plasmática, queiram usar barbantes retorcidos, o escritor não vai poder se alienar seriamente de seu trabalho com semelhantes experimentos de oficina. Seu meio e sua expressão são apenas um. Não se pode transferir ou deturpar o valor da palavra, já que as palavras, sendo o nome das coisas, são as próprias coisas.

Uma rosa é uma rosa é uma rosa é uma rosa.

Portanto, não se pode negar que a arte do romance requer, hoje, por parte do escritor, uma vontade de resistência quase desesperada, produzindo, do mesmo modo, uma confiança exclusiva em suas razões duradouras. O romancista moderno (falo sempre, naturalmente, do verdadeiro romancista, e não de suas imitações vulgares) não pode contar atualmente com nenhuma sociedade viva que compreenda seu trabalho ou que reconheça nele alguma cidadania.

A eliminação necessária das classes sociais ou econômicas (presente há muito tempo na mente e na obra dos escritores), na prática, ao contrário das sociedades contemporâneas (mesmo nas chamadas sociedades «progressivas»), encontra-se ainda num cruzamento convulsivo, obstruído pela ignorância, pela brutalidade e pelo medo miserável. Então, as novas classes, que, talvez, poderiam saber acolher – com inteligência, avidez e frescor de sentimentos – as verdades antecipadas da poesia, não dispõem ainda de meios materiais e culturais capazes de recebê-las. Enquanto as classes que ainda resistem – ou que se impõem com violência – à direção dos Estados são constituídas por pessoas reduzidas às funções físicas informes: por um lado, pela sórdida e impossível conservação; por outro, pela cega e impossível repressão anti-humana.

É necessário, por consequência, que os romancistas contemporâneos se resignem e dediquem quase sempre suas verdades mais importantes aos leitores que ainda não nasceram ou que ainda não sabem ler. (É claro que não se trata, aqui, da capacidade de ler os gibis ou os folhetos de propaganda. Podem ter frequentado a escola e conhecer perfeitamente o alfabeto romano ou o alfabeto cirílico, mas ainda estar aprisionados no analfabetismo.)

El sueño de la razón produce monstruos. E em poucas épocas como na atual o sono da razão foi atendido, embalado e bajulado. Até as máquinas produzidas pela ciência, que deveriam representar os monumentos da razão, foram reduzidas, ao contrário, a distribuidoras inertes desse sono senil. E é lógico, portanto, que dentro de semelhante indústria do sono, a verdadeira arte seja compreendida como uma espécie de intrusão subversiva pouco recomendável.

Os conservadores adeptos aos governos, do Mediterrâneo à Sibéria, glorificam com todo o coração os piores monstros da não arte, e sustentam com muito prazer os jornais mais imundos, dispostos a difamar os verdadeiros artistas. Em qualquer lugar que esses diretores gerais das almas tenham a permissão de intervir, vão se esforçar para «minimizar» e, possivelmente, estrangular toda expressão viva da realidade, que é a respiração da arte. E, todos os dias, como convém, condenam oficialmente o comércio de drogas através de seus jornalecos, de suas rádios e de suas televisões, embriagando as pessoas com imbecilidades. Não há entorpecente mais eficaz do que esse, para corromper e degradar um povo; e não há, evidentemente, imoralidade pior que fazer um comércio de Estado dessa droga.

Em compensação, hoje, discute-se muito no Ocidente, e mais ainda no Oriente, as tarefas, as obrigações e a responsabilidade dos escritores! E os propagandistas da *boa arte* indicam até os congressos internacionais que abordam esse tema. Porém, infelizmente, esses propagandistas, na maior parte dos casos, pertencem – na qualidade de funcionários, ou de empregados, ou de vendedores, ou de simples devotos – àquelas indústrias do sono, de que falávamos anteriormente. Então, pode-se facilmente deduzir disso qual é a *boa arte* pregada por eles. Eles por princípio condenam a primeira virtude do escritor, isto é, o desinteresse por qualquer outra vantagem que não seja a verdade, como se fosse um delito. E são realmente aqueles que, em algumas sociedades modernas, dispõem de poderes legislativos e executivos.

Não lembro mais qual crítico inteligente disse que uma verdadeira obra de arte também pode ser reconhecida nesses poderes, pois sempre provoca no leitor ou no espectador um aumento de vitalidade. Ora, é fácil supor, segundo toda evidência, que as classes modernas governamentais, por mais que possam discordar entre si sobre as ideologias políticas, encontram-se, porém, em acordo num ponto: quando consideram não muito conveniente e muito mais incômodo todo novo aumento possível de vitalidade nas «classes inferiores».

O fato é que uma verdadeira obra de arte (caso se trate também da simples descrição, em poucos versos, de um jasmim) é sempre revolucionária, já que provoca precisamente um aumento de vitalidade. Por isso, todos os reacionários de qualquer partido preferem a arte falsa, a qual não provoca nada além de um bem-vindo sono da razão; e, em certos casos, talvez por causa de sua força, pode provocar até mesmo um colapso.

O aparecimento de uma nova verdade poética no mundo é sempre inquietante e, em seus efeitos, subversivo, já que sua intervenção significa uma renovação do mundo real. Essa verdade perturba todos aqueles que queriam, finalmente, fixar o mundo em um esquema definitivo, mesmo ao custo de ancilosar a vida. Por isso, os filisteus se retraem por instinto atávico diante de toda nova verdade poética que aparece sobre a Terra, assim como diante de um assunto inconveniente. E por isso certos ditadores, armados com exércitos de bombas atômicas, sentem medo na presença de uma poética inofensiva, feroz somente em sua beleza, e proíbem sua entrada em seus confins.

Percebi (talvez seja um acaso) que as pessoas mais aptas a afirmar uma crise da arte, e em particular do romance, pertencem, na maioria das vezes, exatamente a esses tipos humanos, com medo de qualquer verdade poética nova, induzidos a negar seu surgimento, pois é muito perigosa aos seus planos, ou às suas vantagens. Então, os poetas precisarão ter muito claro na mente o valor máximo da poesia, defendendo-o das várias tentações... *E a crise acabará* (como dizia uma cantiga de nossa infância).

Acredito, desse modo, ter respondido conscientemente a todas as perguntas da presente pesquisa, com exceção de uma, sobre meus romancistas preferidos. Respondo: Homero, Cervantes, Stendhal, Melville, Tchecov e Verga.

Esses seis poetas, mais que todos os outros que conheço, provocam sempre em mim, quando os leio, um aumento de vitalidade extraordinário. Tanto que, mais de uma vez, ao longo de minha vicissitude (ainda curtinha), acreditei absolutamente ter sido ressuscitada pelos mortos e por suas virtudes.

Navona mia

Que dentro da cidade de Roma nenhuma praça possa ser comparada a ela já foi proclamado, e por um entendedor bastante respeitado, para que ninguém possa ter a petulância de contestá-lo. Porém, quero me apresentar, para desmascarar a última hipocrisia do prejuízo reticente, declarando toda a verdade, isto é, que a Piazza Navona é a rainha de todas as praças, não só da cidade de Roma, mas de todo o mundo e talvez (estou pronta para apostar) do Universo.

No que diz respeito à Terra, meu testemunho vale, pelo menos, já que poucos terrestres, creio, podem se gabar, assim como eu, de ter visitado e frequentado as praças mais lindas do mundo. À noite, quando estou quase dormindo, lembro-me frequentemente do passeio historiado inacreditável de meus percursos, como se fosse um planetário, com variações dispersas de luas coloridas. Caso se entenda que as luas são as praças, ou seja, as desertas, lotadas, históricas, visionárias, fantasiadas, delirantes praças do mundo. A praça de Aleppo, de Edimburgo, de Veneza, de Isfahan, de Capri, de Anguillara, de Brasília, de Moscou, de Siena, de Pequim… Praça, linda praça… O planetário gira, e suas propostas são, sem dúvida, fascinantes. Uma nostalgia me recupera, mas depois se trata sempre de veleidades lunares. Na realidade, todas as luas ficam pálidas quando o sol reaparece: Piazza Navona!

Sei que serei criticada por muitos leitores italianos por causa desse meu madrigal, entendido como uma espécie de crime nacional, pouco menos que alguns epigramas de Pasolini. De fato, a honra dos italianos, em geral, semelhante àquela do herói Aquiles, possui alguns pontos vulneráveis. O campanário, por exemplo, é um deles; tanto que alguns italianos sofrem de bairrismo,[17] que é uma espécie de mania de perseguição. No entanto, não hesito em desafiar todos os bairristas da Itália. Denunciem-me às comissões de censura, às prefeituras, às delegacias; proíbam-me de assistir às recepções oficiais e de frequentar os círculos da nobreza; acusem-me por meu desprezo; sequestrem-me e escrevam-me cartas ameaçadoras. Não me importo com nada disso. Poderei encarar o linchamento, mas vou repetir até o final esse meu refrão indiscutível: a Piazza Navona é sem igual! Certas pracinhas e até mesmo a Piazza San Marco ficam (infelizmente não posso deixar

---

17 No original, «campanilismo», que em italiano significa um amor exagerado pelo próprio país, que pode gerar hostilidade por tudo o que é exterior. O termo deriva de «campanile» [campanário], e a relação semântica se dá porque essa construção representou por muitos séculos a divisão entre as cidades.

de vê-la com má vontade) um pouco atrás, se comparadas à nossa praça. A Piazza Navona é especial! É suprema!

Por exemplo, comecemos pelo nome. Todas as outras praças em geral tomam emprestado o nome de qualquer personagem que as dignifica ou embeleza: uma igreja, um monumento, uma coluna, uma árvore pré-histórica ou um dignitário extinto. Nisso se assemelham às simples senhoras honradas, as quais se contentam ou ficam realmente enaltecidas por receber o nome de seus maridos, e justamente por isso são chamadas de *metà* [metade].

A Piazza Navona, ao contrário, não é uma metade, é um todo! Certamente não é a única solteirona (aliás, sua opulência carnal é mesmo de uma matrona, de grande *minente*).[18] Ela, por exemplo, não se interessa por títulos e coroas alheias, porque se tornou rainha por si mesma. Seu nome não foi adquirido por nenhuma outra autoridade; mas é uma propriedade exclusivamente sua e lhe é muito caro. E, segundo minha opinião, ela tem razão. De fato, onde se pode encontrar um nome mais simpático, mais natural do que este? Navona! É uma invenção autêntica, uma inspiração; não é um título de família, um sobrenome, nem mesmo um nome próprio. É, precisamente,

---

18 Em Roma, no século XIX, «minente» era a mulher do povo que se tornava rica e que passava a se vestir com roupas de luxo.

o nome, em suma, a palavra que reflete a própria coisa. Pois bem, essa é ela: a praça central do universo.

O que não está contido nesse nome superlativo? Há a abundância, a aventura, os pecados, as religiões, o Juízo Universal e a indulgência plenária; há o clássico e as viagens espaciais. Há as mulheres lindas, os três reinos da natureza. Enfim, nele tudo existe.

«Então, que seja! Deixemos o nome de lado. Aliás, o que é um nome?» (Esta é uma primeira voz que protesta, mas com graça, com delicadeza. Não por acaso vem de Veneza.) «E deixemos de lado toda a avaliação histórica, social e estética. Compreende-se que ela, Morante, não é um tipo que se meta em certos discursos polêmicos. Mas o ouro de são Marcos, ao menos, o ouro, onde o coloca? E o relógio com os mouros? E os pombos? Não existem na Piazza Navona.»

É verdade, não há pombos, porém há gatos, que permanecem ali com a aposentadoria dos restaurantes e das lanchonetes e que não julgam digno ficar paquerando os turistas, como os pombos. Em relação ao ouro, Navona, grande e magnífica mulher, sabe que seu corpo amadurecido pelo amor é *mais ouro que o próprio ouro*; e não se castiga por ser dourada nem se preocupa em agradar, pois só lhe basta existir para ser amada.

E, em relação aos relógios, a presença de instrumentos desse tipo seria um contrassenso na Piazza Navona, a qual está situada absolutamente na realidade, fora da dimensão do tempo. Tanto é verdade que até os tolos automóveis burgueses se movem lentamente por ali, quase conscientes de seu caráter absurdamente temporal. (Navona não precisa ser circundada por canais ou lagoas para ser respeitada por essas monstruosidades deselegantes, feitas de chapa.)

«Todos discursos lindos.» (Agora é um jovenzinho provinciano que intervém.) «No entanto, o espírito moderno tem suas exigências! Como se enquadra a Piazza Navona na atualidade contemporânea? Por exemplo, observe a Times Square…»

Caro rapaz, posso perdoá-lo, pois você vem da província. E, portanto, meu queridinho, antes de tudo, precisa aprender que as coisas eternas, como a Navona, não *se* enquadram, mas *enquadram*. E, no que diz respeito à Times Square, espere mais cinquenta anos e verá que sua atualidade vai acabar. Enquanto a Navona vai acordar todas as manhãs sempre mais linda nem sei por quantos séculos.

«Miss Morante, Miss Morante!» (Esta é a voz muito bajuladora de um crítico americano. Percebam que tentará me pegar pela via da ambição pessoal. De fato…) «Miss Morante, sabe o quanto admiro *A ilha de Arturo*. Todavia, a respeito da qualidade excessiva dessa famosa Navona, sinto em lhe dizer que não estou de acordo com a senhora. Para resumir a questão, declaro, em poucas palavras, que não gosto do Barroco.»

O Barroco! Algumas pessoas parecem ignorar que certos atributos (como «barroco», por exemplo, ou «romântico») não se encerram no significado restrito que assumiram por uso prático nos manuais didáticos ou profissionais. Em seu significado pleno, o Barroco, como o Romântico, não se esgota dentro de um período histórico, mas é um elemento real da natureza e da fantasia, necessário à plenitude da vida. Por isso, quem declara «Não gosto do Barroco», está se denunciando como indivíduo incompleto ou ancilosado; não menos do que se declarasse, por exemplo, «Não gosto de mulheres», ou «Não gosto de festas», ou «Não gosto do mar». De resto, não por nada, senhor crítico, você citou *A ilha de Arturo*, porém deixou de mencionar outro romance da mesma autora, ainda mais bonito e importante, o qual se intitula *Menzogna e sortilegio* [Mentira e sortilégio]. A capacidade de apreciar esse romance é para mim um teste infalível, que me permite julgar se uma pessoa é ou não completa. Leia-o, e depois, talvez, poderá entender os vários elementos necessários da realidade da Navona que ainda lhe são obscuros ou desconhecidos. No entanto, se continuar sem entendê-los, sinto muito por você. Resta-lhe apenas voltar a fazer a sesta em qualquer praça de Chicago…

«Ah…! Chega! Chega! Chega!»

(Este é o acento milanês. Já esperava por isso, porém suportarei o combate, embora intervenha, com respaldo, toda a Alta Finança. Vão até mesmo invocar o testemunho de meu santo protetor Stendhal.) «Chega! Chega, caso queira realmente difamar de forma indireta a Praça da Catedral!

Não queremos começar uma discussão com a senhora sobre arquitetura e escultura, com argumentos sobre os quais a senhora, aparentemente, não está preparada; nem sobre certos méritos civis e sociais, aos quais evidentemente não dá importância. Mas e os obeliscos? Desculpe-me, quantos obeliscos tem sua praça? E, por acaso, pensou na pobre Nossa Senhora? Isso sem mencionar as insígnias de Motta, que enlaçam, numa síntese oportuna, o gótico flamejante com a moderna indústria da pastelaria.»

Claro. Navona não ostenta tantos obeliscos, isso é verdade; porém há um obelisco que se mantém de pé por virtude própria, desafiando as leis da estática, como todos sabemos. E a pobre Nossa Senhora está ausente, não nego. Todavia, em seu lugar, há a Virgem Sant'Agnese, que com sua linda mãozinha pousada sobre o peito mantém-se em equilíbrio no alto, do lado direito da fachada, sozinha, sozinha, sem nenhuma outra estátua que lhe faça *pendant* (tal como requereria a simetria habitual) do lado esquerdo. Eis como a graça da arte, não menos que aquela da vida, entrega-se com prazer ao capricho, à liberdade e à negligência! De fato, nenhuma obra de arte da estatuária que fosse colocada lá em cima por respeito à simetria poderia recompensar a elegância misteriosa daquele lugar vazio muito inspirado, parecendo estar ali disponível para que as almas beatas possam pousar em seus momentos de despreocupação. Aliás, em relação à indústria da pastelaria, você, senhor milanês, jamais esteve na Piazza Navona durante a famosa Noite de Reis? Ali, não se encontram apenas pizzas e panetones aos montes (a propósito, parece que a bruxa confidenciou a alguém que prefere os panetones de fabricação indígena, mais «navonescos» – quer dizer, mais saborosos – e recheados mais generosamente com pistache e uva), e ali ainda se encontra o torrone claro, e o açúcar fiado a mão, na presença do cliente. Prefiro sobrevoar, ao contrário, a feira lendária dos brinquedos, agora desonrada pela presença daqueles bonecos desagradáveis de televisão, os quais infestam toda a Itália e com os quais a indústria nacional exercita atualmente a verdadeira corrupção entre os menores de idade... No entanto, Navona, com sua saúde maravilhosa, por sorte, digere tudo, assimila tudo, varre tudo.

«E não acredite que pode nos importunar com romances!» (Esta é uma voz florentina.) «Ou melhor, senhora romancista, vamos prestar contas com a arte. A senhora acredita realmente que os colossos da Piazza Navona venceriam as estátuas de nossas praças num concurso de beleza?»

Que ideia! Certamente não. Todavia, a Navona – esperava, enfim, que já o tivesse demonstrado – é uma daquelas criaturas milagrosas, que sempre são as mais bonitas, mesmo não possuindo as sete perfeições. Suas praças, na verdade, são tão bonitas que precisamos estar preparados ao colocar o pé nelas, aflitos, tal como se entra numa igreja ou em algum museu. Enfim, são muito bonitas para que alguém tenha a petulância de ir ali simplesmente tomar um café. Aliás, não é como uma casa, onde qualquer um pode respirar e descansar, feliz por estar ali, em companhia de sua beleza, porém livre, talvez, para pensar em outra coisa, quando se está, por exemplo, em família.

«Então você se esqueceu de minhas cúpulas turquesas e das ovelhas comendo a grama em meio à linda praça?» (É Isfahan que fala, pretendendo me conquistar com o exotismo oriental.)

A Piazza Navona não tem cúpulas turquesas, paciência, mas tem trepadeiras verdes e flores coloridas que se debruçam sobre os terraços. E se dificilmente se encontram ovelhas, é garantido que estejam presentes todos os verdadeiros cães bastardos, aventureiros, vagabundos e heróis da periferia, os quais surgem de todos os lugares de Roma para fazer a sesta e dar cambalhotas sem que sejam amaldiçoados e jogados para fora a pontapés, como acontece nas praças caras a Maomé. Navona é realmente uma verdadeira rainha, que acolhe, do mesmo modo, tanto os cães quanto os gatos, judeus e cristãos, senhores nobres e mendigos. Navona é uma santa.

«Nossa, como você é fanática!» (Finalmente a voz que se escuta é de um conterrâneo.) «Eu, por exemplo, sou romano de nascimento e de residência, mas em trinta anos de vida jamais coloquei os pés na Piazza Navona».

Desgraçado! (Para não dizer outra coisa.) O que estão esperando o prefeito e os vereadores para confiscar sua cidadania? Eu, ao contrário, todos os dias, nem que seja por poucos minutos, vou me consolar com minha Navona. No verão vou ali de férias. Onde mais se pode tirar férias dessa maneira, com a fonte dos Quatro Rios, os golfinhos, os cavalos-marinhos e os leões? À noite, vou até lá para jantar, e pode ficar seguro que nunca imperador algum, em toda a História, jantou num salão mais bonito que o da Piazza Navona. Porém, na maior parte das vezes, aliás, vou até lá para não fazer nada, somente para me assegurar de que ainda existe, porque enquanto existir uma Navona existirá alguma esperança para este mundo. É provável que, quando estou cansada, não olhe nem mesmo seus prédios lindos, as fachadas das igrejas, as fontes; mas basta senti-los ao meu redor, todos aquecidos pela vitalidade magnífica de minha Navona, que bastaria para dar novamente fôlego a toda uma população. Escuto o barulho da água, as vozes dos jovens que se divertem, e lembro-me daquele famoso poema de Sandro Penna:

> Eu queria viver adormentado
> no doce rumor da vida.

No entanto, uma grande parte dos romanos, talvez, jamais ouviu falar de Sandro Penna; e não sabem que eles têm aqui em Roma o maior poeta do mundo, como não sabem que possuem a principal praça do universo. E, mesmo que o soubessem, é provável que não dessem muita importância.

Por sorte estou aqui para defender você, Navona *mia*, pois não poderá contar com o apoio dos outros romanos. Pelo menos um milhão deles estaria pronto a se desfazer de você em troca de uma moto de seiscentas cilindradas ou de um jukebox.

Sobre o erotismo na literatura

Li recentemente um romance incompleto, inédito e ainda (mas por pouco tempo, espero) desconhecido por todos. Em nossa imaturidade perpétua, que procura às cegas suas passagens através da clareza, certas leituras equivalem, para nós, a experiências reais e providenciais, expulsando de nosso convívio, com sua intervenção iluminada, os monstros infantis de nossa superstição comum. A máxima razão da arte consiste, a meu ver, nessa função liberatória.

O autor do manuscrito é Umberto Saba, poeta que, pela graça de seu sacrifício, pode ser comparado a um santo. Ele se dedicou a esse trabalho durante sua velhice, já perto de morrer, quando seu sacrifício se tornou para ele uma tragédia, mas, para os outros, uma pureza absoluta. Desse modo, já se define o valor dessas páginas; todavia, é fácil pressentir os comentários miseráveis que vão acolhê-las: recebendo, obviamente, de oposições desqualificadas, uma confirmação de sua qualidade.

Naquelas páginas são narradas as experiências eróticas (amorosas) de um jovem, que começam, por aventura, com uma daquelas relações que – embora reais, humanas e comuns na natureza – a superstição considera, conforme sua espécie, tabu. Porém, o jovem de Saba, por sua graça, está imune a certos tabus responsáveis por transformar as realidades naturais em monstros absurdos e criminosos. E enquanto para outros, contaminados por tabus, tal experiência poderia se transformar numa resolução irreal (podendo torná-los escravos perpétuos de uma ficção), para o jovem de Saba ela permanece aquilo que é: um simples encontro humano, que em si mesmo é inocente (já que ele não foi corrompido por isso), não sendo, de forma alguma, maléfico. Levado por sua sensualidade inocente e por sua curiosidade espontânea da vida, esse jovem ideal, como passou por sua primeira experiência ocasional, conhecerá em seguida, naturalmente, o amor das mulheres, terá ao seu lado uma mulher apaixonada, e assim por diante... Ora, para narrar esse acontecimento, o caro e feliz Saba não recorre em nada às reticências, as quais, porém, eu (e que eu vá para o inferno) fui forçada a utilizar para resumir o fato citado. Ele, em sua narrativa, não deixa escapar nenhum particular, por mais *difícil* e secreto que seja, e, mesmo que lhe pareça necessário, não castiga uma única palavra. Caso as mesmas coisas fossem ditas por outros poderiam se tornar obscenas, ridículas ou sórdidas, mas, ao contrário, ditas por ele, revelam sua clareza real, natural, sem nenhuma ofensa, deixando em evidência, no final da leitura, a emoção dos afetos, restituída à pureza consciente da consciência madura.

As explicações desse fenômeno podem ser reduzidas a uma única coisa: Saba tem um respeito fundamental pela vida e pelo ser humano, sem o qual, na arte, como também na história, não há realismo, nem liberdade, apenas servidão e retórica.

O erotismo é uma afirmação espontânea da vida e um elemento vital da substância humana; não deve ser tratado como argumentação desprezível, quando se respeita o ser humano em sua integridade. O vício de certas sociedades e de certas religiões está na partição do ser humano ao meio, declarando-o, numa metade, nobre, e, na outra, desprezível; e foi necessário esperar a véspera da era atômica para que a ciência proclamasse essa realidade, ou seja, para que a frustração do erotismo, ela também, como o sono da razão, produzisse alguns monstros.

Porém, ainda hoje se sabe que, em nenhum campo, a intervenção da ciência não vale para exterminar os monstros das culturas pequeno-burguesas; ao contrário, adapta-se, mistura-se a eles em uniões sinistras e degradantes (cujos produtos supremos são, por um lado, as organizações de extermínio e, por outro, os passatempos televisivos). Multiplicados e difundidos ao infinito com os meios da ciência e da indústria, os monstros das furiosas frustrações pequeno-burguesas continuam infestando o mundo. Sua última inimiga é a arte, que, por sua própria definição, não pode estar associada à falsificação.

As classes dirigentes contemporâneas, penosa expressão da cultura pequeno-burguesa, batem verdadeiramente o recorde da diminuição humana, conciliando a frustração do erotismo e o sono da razão. E compreende-se que essas classes almejam censurar a arte em defesa de seus monstros (numa sociedade livre dos tabus supersticiosos e dos monstros, a censura não teria motivo para existir). Em sua ausência fundamental de respeito pelo ser humano, tais classes não percebem nem mesmo que a censura, em si mesma, é mais obscena que qualquer pornografia, corrompendo e degradando o homem, negando-lhe sua máxima honra, que é a liberdade de escolha.

Pretender afastar o erotismo da arte é igualmente insano, assim como pretender afastá-lo da vida. Porém, certos escritores especialistas em erotismo se sujeitam, na realidade, com muita conformidade, àquela mesma superstição social e religiosa com a qual pretende não se conformar. De fato, é claro que, para eles, o erotismo ainda é um escândalo, uma espécie de segredo vergonhoso para ser exibido como diversão alheia, enfim, um argumento baixo do estilo cômico. Enquanto, ao contrário, o erotismo humano é respeitável como qualquer outro argumento necessário à representação do drama real; aliás, é muito mais função da poesia trágica, sendo ele o primeiro elemento natural das relações e do amor. (E o pudor não o desdiz, até que se torne uma graça real da natureza amorosa, e não uma angústia absurda da tribo.)

Assim, enquanto a sinceridade de um Saba intervém para resgatar o erotismo dos tabus absurdos, a exibição vulgar e escandalosa de outros autores o condena a permanecer escravo desses mesmos tabus. Em suma, como se afirmasse que a primeira é arte, e a segunda, falsificação.

Diferente é o caso daquela narrativa em que a ostentação erótica deseja ser um meio de ruptura e de revolta contra a não evolução de uma sociedade decaída. Sua qualidade a associa aos rituais orgíacos que nas cerimônias fúnebres resgatavam os princípios vitais contra a corrupção mortuária. E, sem dúvida, mesmo que sua retórica a coloque, com constrangimento e com frequência, aquém da arte, sua função é saudável para a cultura moderna.

Pró ou contra a bomba atômica

Ouvi dizer que alguém, ao saber antecipadamente o tema que eu havia escolhido, mostrou certa perplexidade, como se essa fosse uma escolha, digamos, curiosa de minha parte. Parece-me evidente que, hoje, nenhum argumento dessa natureza interesse a qualquer escritor. Mas não se deve confundir os escritores com os literatos: para os escritores, como se sabe, o único argumento importante é, e sempre foi, a literatura; então, tenho logo que advertir que, em meu vocabulário habitual, o «escritor» (que quer dizer antes de qualquer coisa «poeta») é o contrário do literato. Aliás, uma das possíveis definições oportunas de «escritor» para mim seria precisamente a seguinte: «um homem que leva tudo com o coração, exceto a literatura».

Portanto, não há dúvida de que o fato mais importante em nossa atualidade, e que ninguém pode ignorar, é o seguinte: nós, habitantes das nações *civis* do século XX, vivemos na era atômica. E, realmente, ninguém o ignora, tanto que o adjetivo «atômico» aparece quase sempre em toda ocasião, até mesmo nas piadas e nos gibis. Mas em relação ao significado pleno e substancial do adjetivo, as pessoas, como acontece frequentemente, defendem-se dele com uma (de resto, perdoável) transferência.

E mesmo aqueles poucos que reconhecem a ameaça efetiva que isso representa e que se angustiam com ela (e por isso, talvez, são considerados pelos outros neuróticos ou até loucos) preocupam-se, no entanto, mais com as consequências do fenômeno que com suas origens, digamos, biográficas e com seus motivos secretos. (Estou falando, compreenda-se, dos leigos, que representam a maior parte de nós aqui presentes.) Em suma, poucos perguntam à própria consciência (talvez esteja aí a exata e verdadeira «central atômica»: na consciência de cada um): «Por que um segredo essencial (talvez *o* segredo da natureza) já advertido desde a antiguidade em lugares e em épocas diferentes, por povos evoluídos e ávidos de conhecimento, foi identificado precisamente, descoberto fisicamente, somente na idade atual?». Não basta responder que na grande aventura da mente a sedução científica substituiu a aventura imaginativa. Mesmo parecendo uma resposta, essa ainda continua sendo uma pergunta, que só complica tudo ainda mais.

Porém, ninguém desejará ficar parado, acreditando que se trate de um acaso, isto é, que se chegou a essa crise crucial do mundo humano só porque, tendo em certo momento a nossa inteligência, sempre à procura de novas aventuras, tomado um caminho obscuro entre tantos outros caminhos obscuros, seus bruxos-cientistas descobriram o segredo naquele momento. Não. Todos sabem agora que na vicissitude coletiva (como na individual) mesmo os *acasos* aparentes são quase sempre vontades inconscientes (as quais, caso o leitor queira, poderão também ser chamadas de *destino*), ou seja, escolhas. Nossa bomba é a flor, isto é, a expressão natural de nossa sociedade contemporânea, do mesmo modo que os diálogos de Platão o são para a cidade grega; o Coliseu, para os romanos imperiais; as Nossas Senhoras de Raffaello, para o Humanismo italiano; as gôndolas, para a nobreza veneziana; as tarantelas, para certas populações rústicas meridionais, e os campos de extermínio, para a cultura pequeno-burguesa burocrática já infectada por uma raiva de suicídio atômico. Obviamente não é necessário explicar que por «cultura pequeno-burguesa» quero dizer a cultura das classes predominantes atuais, representadas pela burguesia (ou o espírito burguês) em todos os seus graus. De resto, concluindo em poucas e desde já abusadas palavras, poderíamos dizer que a humanidade contemporânea experimenta a tentação oculta de se desintegrar.

Insinuarão que a primeira semente dessa tentação se deu fatalmente no nascimento da espécie humana e se desenvolveu com ela; por tudo isso, o que acontece hoje não seria nada mais que a crise necessária de seu desenvolvimento. No entanto, isso faz com que a hipótese seja proposta novamente. É conhecida, e agora vulgarizada, a presença simultânea na psicologia humana do instinto de vida (Eros) e do instinto de morte (Tânatos). Até poderíamos, a propósito deste último, em teoria, sem arbítrio lógico, ler as Sagradas Escrituras de todas as religiões a partir da interpretação pressuposta de que todas, e não somente a indiana, ensinam o aniquilamento final como o único ponto de beatitude possível. E, de fato, alguns psicólogos falam de um *instinto do Nirvana* no homem. Porém, enquanto o Nirvana prometido pelas religiões for experimentado por via da contemplação, da renúncia de si mesmo, da piedade universal e, em suma, da unificação da consciência, chegaremos justamente pela desintegração da consciência ao seu maligno e sub-rogado pequeno-burguês, compreendido por nossos contemporâneos, por meio da injustiça, da alienação mental organizada, dos mitos degradantes, do tédio convulsivo e feroz, e assim por diante. Enfim, as famosas bombas são orcas que se encontram dormindo nos bairros mais protegidos da América, da Ásia e da Europa, preservadas, defendidas e mantidas no ócio como se estivessem num harém dos totalitários, dos democráticos e de todos; elas, nosso tesouro atômico mundial, não são a causa potencial da desintegração, mas a manifestação necessária desse desastre já ativo em nossa consciência.

Não quero, de forma alguma, oprimi-los com uma milionésima descrição das evidências do desastre, em seu espetáculo social cotidiano, que vem sendo acusado e registrado em ensaios, conferências e tratados. No mais, é tão vistoso e persecutório que até nossos pobres animais (cães e gatos, para não falar dos infelizes frangos) sentem sensivelmente o massacre. Não, quero poupá-los desse quadro famigerado, tanto que já me sinto com remorso de ter vindo aqui para entretê-los com um tema tão tenebroso em vez de uma linda fábula (dado que certos afeiçoados se utilizam desse mecanismo para vender meus livros, fazendo-os passar por uma espécie de fábula!!!).

Tampouco desejo me incumbir de dar agora um sermão propagandístico contra a bomba (além do mais, tenho algumas questões polêmicas com certos propagandistas desse tipo). Não, pobre de mim, quem me daria tanto valor e tanto fôlego? E eu mesma, depois, sou cidadã do mundo contemporâneo, talvez também esteja sujeita à extrema tentação universal. E, portanto, até que não me sinta realmente imune a tal tentação, será melhor não me vangloriar muito.

Todavia, ao mesmo tempo, por mérito da sorte, honro-me por pertencer à espécie dos escritores. Desde o momento em que comecei a falar, apaixonei-me desesperadamente por essa arte, ou melhor, pela arte em geral. E espero não ser muito presunçosa se acredito ter aprendido, através de minha longa experiência e de meu longo trabalho, ao menos uma coisa: uma óbvia e elementar definição da arte (ou poesia, já que as compreendo como sinônimos).

Aqui está: *a arte é o contrário da desintegração.* E por quê? Simplesmente porque a razão da arte, sua justificação, seu único motivo de presença e sobrevivência, ou, caso se prefira, sua *função*, é exatamente a seguinte: impedir a desintegração da consciência humana, em seu cotidiano desgastante e uso *alienante* com o mundo; restituir-lhe, continuamente, na confusão irreal, fragmentária e *usada* nas relações externas, a integridade do real, ou, em uma única palavra, *a realidade* (mas atenção aos trapaceiros que apresentam sob essa marca falsificações artificiais e perecíveis). A realidade está perenemente viva, acesa e atual. Não se pode danificá-la nem destruí-la, e ela não declina. Na realidade, a morte é apenas o outro movimento da vida. Íntegra, a realidade é a própria integridade: em seu movimento multiforme, instável e inexaurível – que jamais deixará de ser explorado – a realidade é única, sempre.

Então, se a arte é um retrato da realidade, chamar de *arte* uma espécie qualquer, ou um produto da desintegração (desintegrante ou desintegrado), seria ao menos uma contradição em termos. Compreenda-se que esse título não está concedido pela lei, tampouco é sagrado ou inviolável. Qualquer um pode ser o patrão de si mesmo e colocar o título de arte onde queira; mas eu também serei patroa, quando bem quiser, e chamarei aquele fulano de, pelo menos, maluquinho. Assim como poderei chamar, como patroa, de maluquinho – digamos em via de exemplo hipotético – um senhor que insiste forçadamente em me oferecer no nome «cadeira» um gancho preso ao teto?

No entanto, precisamos colocar a pergunta: já que a arte não tem razão senão pela integridade, qual papel poderia assumir *dentro* do sistema da desintegração? *Nenhum.* E se o mundo, na enormidade de sua massa, agarrasse a desintegração como único bem supremo, então a um artista o que restaria fazer (mas, desse momento em diante, como referência particular que vale em geral para todo artista, vou considerar o escritor) visto que ele, se o é verdadeiramente, tende à integridade (à realidade) como se fosse a única condição liberatória, alegre, de sua consciência? Só restaria a ele escolher. Ou então se convence de ter caído no erro, na falta de razão. E que aquela figura absoluta da realidade, a identidade secreta e única das coisas (a arte), era somente um fantasma produzido por sua natureza – um truque de Eros, digamos, para prolongar o engano. Nesse caso, ele sentirá diminuir irremediavelmente sua função, a qual, aliás, vai lhe resultar pior que vã, desgostosa, tal como o delírio de um drogado. E, consequentemente, não escreverá mais.

Ou o escritor se convence de que o erro não é seu. Que não ele mesmo, mas, sim, seus contemporâneos, em sua enorme massa, estão equivocados. Enfim, que não é, digamos, Eros, porém, Tânatos, o ilusionista que fabrica visões monstruosas para aterrorizar as consciências, com o intuito de confundi--las, desnaturalizando sua única alegria e desviando-as da explicação real. Assim, reduzidos ao medo elementar da existência, na evasão de si mesmos e, portanto, da realidade, eles, como quem recorre à droga, se habituam com a ficção, que é a degradação mais miserável, tanto que em toda a sua história os homens jamais conheceram nada igual. São *alienados*, pois, também no sentido da negação definitiva, já que pela via da ficção não se chega ao Nirvana dos sábios, mas ao seu oposto, ao Caos, que é a regressão ínfima e mais angustiante.

Portanto, nesse segundo caso, reconhece-se a peste delirante não em si mesma, mas na coletividade, e o escritor ainda vai se encontrar diante de uma última escolha, ou estimará aquela ruína geral já muito avançada e incessante; de qualquer maneira, ele mesmo vai se sentir incapaz de resistir à desgraça, pressentindo também, talvez, os primeiros sinais do contágio dentro de si. Desse modo, será desejável que ele se salve e que vá embora, quem sabe para uma floresta, caso prefira, ou para uma ilha oceânica, ou para um deserto de colunas, para se tornar um estilita. De fato (a despeito dos retóricos, dos cortesãos e dos apóstolos da desintegração), é sabido que tanto para a higiene quanto para a economia, ou seja, para a vida do universo, será sempre melhor um sujeito real (nem que seja o último sobrevivente) pensante em cima de uma coluna que um objeto supranumérico desgastado, televisionado e lustrado pela bomba atômica. Aliás, segundo uma lógica intuitiva dos acontecimentos, enquanto ele resistir ali, escrevendo poesia sobre a coluna, a bomba atômica terá dificuldade de explodir.

Ou, enfim, a última e mais alegre hipótese: o escritor ainda encontrará uma confiança qualquer na libertação comum, juntamente com a certeza de continuar a salvo do desastre, sendo capaz de resistir a ele. E, nesse caso, não há mais dúvida, sua *função* de escritor ainda vai lhe mostrar que ele é, a qualquer custo, não apenas socialmente útil, mas mais útil que todo o fato ocorrido na história. Só a arte, na sórdida invasão da ficção, a qual restitui a realidade, pode representar a única esperança do mundo. Numa multidão sujeita ao engano, a presença de um único, o qual não se deixa enganar, já pode indicar um primeiro ponto de vantagem. No entanto, esse ponto depois se multiplica por mil e por 100 mil se aquele um é um escritor (entenda-se, um poeta). Mesmo sem se dar conta, por necessidade de seu instinto, o poeta está destinado a desmascarar os enganos. E um poema, uma vez difundido, nunca mais ficará imóvel; ele corre e se multiplica, chegando a todas as partes, até onde o próprio poeta jamais havia imaginado.

Naturalmente, pobre poesia, terá que penar para merecer atenção nos fúnebres mercados da assim chamada, aqui na Terra, *alienação*, no furibundo fracasso dos tráficos oficiais, consagrado ao tédio dos miseráveis *alienados*. Entre tantas provas duras de resistência, o rumor do tédio é extenuante. E, às vezes, o escritor sentirá vontade de mandar todos ao inferno, com seus jornalecos, seus autores-compositores-intérpretes e seu ciclotrão. E ele vai se aventurar definitivamente como o fez Rimbaud, ou talvez parta para o deserto das colunas, permanecendo próximo de seus companheiros estilitas. Mas, em seguida, talvez não o faça, ou depois de todas as fugas voltará atrás, porque ele, por sua natureza, necessita dos outros, especialmente daqueles que são diferentes de si. Sem os outros, é um homem infeliz.

E, assim, vai continuar no campo de batalha, ali onde se expande o sistema da desintegração, ou seja, na ficção. Porém, não ficará ali, obviamente, tal qual um funcionário ou súdito do sistema (caso se adapte a este, estará perdido). Nem mesmo como um simples estranho ou testemunha que narra o sistema, já que a arte, por sua própria definição, não pode parar de denunciar, quer algo a mais. Se o escritor é o protagonista predestinado à desintegração, então o é – já vimos – enquanto testemunha seu contrário. Se participou, como homem, do acontecimento angustiante de seus contemporâneos, dividindo com eles o risco e reconhecendo seu medo (da morte), sozinho, como escritor, precisou fixar sobre seu rosto os monstros aberrantes (exemplares ou sinistros) gerados por aquele medo cego; e também teve que desmascarar sua ficção, comparando-a com a realidade, da qual veio para testemunhar.

Não mais do que cinco ou seis anos atrás (caso esteja atenta ao período, embora não tenha passado tanto tempo desde então, pois ainda me vejo muito jovem e muito otimista) escrevi um ensaio sobre o romance, no qual dizia, com outras palavras, quase a mesma coisa que estou dizendo agora. Também comparava a função do romancista-poeta àquela do protagonista solar, que nos mitos enfrenta o dragão noturno para libertar a cidade aterrorizada. Embora menos otimista que naquele momento, proponho agora a mesma imagem. Mas, caso alguém prefira outra, menos épica e mais familiar, acrescentaremos aquela de Gepeto quando mostra a Pinóquio (quando adquire sua figura final de ser humano) os restos da marionete, miseravelmente abatida sobre a cadeira; mesmo assim, coloca-o diante do espelho, dizendo-lhe: «Aqui está, ao contrário, aquilo que você é».

Agora, não me entendam mal, deduzindo (ou pretendendo deduzir) por caridade (mesmo esta poderia reconhecer!) de minhas palavras que o espelho da arte tem que ser um espelho *otimista*. Aliás, a grande arte, em sua profundidade, é sempre pessimista, pelo fato de que a substância real da vida é trágica. A grande arte é trágica, substancialmente, mesmo quando é cômica (pensemos em *D. Quixote*, o mais lindo de todos os romances). Se um escritor, para preservar os *bons sentimentos* ou para agradar as *almas bem-nascidas*, deformasse a tragédia real da vida, a qual se revela a ele, cometeria aquilo que, no Novo Testamento, é declarado como o pior delito: o *pecado contra o espírito*, e não seria mais um escritor.

O movimento real da vida é marcado pelos encontros e pelas oposições, pelas uniões e pelas ruínas. Nenhum ser humano fica excluído da experiência do sexo, da angústia, da contradição e da deformação. E as alternativas do destino são a miséria e a culpa, o abandono ou a ofensa.

A pureza da arte não consiste em afastar os impulsos da natureza que a lei social, por seu misterioso processo, censura como perversos ou imundos; mas em recolhê-los espontaneamente na dimensão real, onde são reconhecidos como naturais e, portanto, inocentes. A qualidade da arte é liberatória e, dessa forma, em seus efeitos, sempre revolucionária. Qualquer que seja o momento da experiência real e transitória, torna-se, na fineza poética, um momento religioso. Ao longo do curso de sua existência, por mais que possa acontecer ao poeta, como a todo homem, de ser reduzido da desventura à medida nua do horror, até a certeza de que esse horror é agora a lei de sua mente, não significa que essa será a última resposta de seu destino. Se sua consciência não descer até a ficção, se o horror se tornar para ele uma resposta real (poesia), no ponto em que começar a escrever suas palavras no papel ele estará realizando um ato de otimismo.

No tempo em que na Europa se inauguravam os *lager*, vivia na Hungria um jovem poeta judeu, de aspecto gracioso e alegre, que agradava às mulheres e se chamava Miklós Radnóti. Como não conhecia a língua húngara, eu tinha de seus versos somente aquela ideia reduzida e aproximativa que podem nos dar as traduções. No entanto, acredito que possa afirmar que era certamente, por sua natureza e vocação, um poeta. Foi um dos primeiros a ser preso e passou o resto de sua breve vida nos *lager*, ou seja, no lugar que é o modelo ideal e supremo da cidade no sistema da desintegração. Até que um dia um guarda do *lager* o matou com um golpe na nuca, depois de tê-lo obrigado a cavar uma cova. Seu último poema foi escrito justamente ali, ao lado daquela cova, onde mais tarde foram encontrados seus restos mortais e recuperados os versos, em poucas folhinhas sujas. Sua existência foi reduzida ao horror espectral, ao *lager*, e seu tema, de fato, é apenas um: o *lager*. Num poema, lê-se: «O caderno, uma lanterna, tudo me foi tirado pelos guardas do campo. Escrevo meus versos no escuro». Em outro (onde já descreve os pormenores da execução próxima, pois já sabia seu fim, podendo dizer que seria o mesmo de seus últimos companheiros), declara: «Agora a morte é uma flor de paciência». E assim nos deixou, milagrosamente, a prova de que, mesmo dentro daquela máquina «perfeita» da desintegração, a qual o aniquilava fisicamente, sua consciência real permanecia íntegra.

Ele morreu em 1944. Porém, eu só soube há pouco tempo que ele existira. E a descoberta de que esse rapaz esteve aqui na Terra foi para mim uma alegre notícia.

Sua aventura é um escândalo extraordinário para a burocracia organizada dos *lager* e das bombas atômicas. Escândalo não pelo assassinato, que é mais um nesse sistema, e muito mais pelo testemunho póstumo de realidade (a alegria da notícia) que é contra o mesmo sistema.

Logicamente, aquele que chegou à cidade para matar o dragão, ou, traduzindo em termos atuais, o escritor, que se move pelo sistema como uma espécie de adversário irremediável, sabe que nos pontos extremos da crise encontrará dias precários; e que sua experiência, de qualquer forma, nunca foi fácil ou doce. É fato que, no sistema organizado da ficção, a presença do escritor (isto é, da realidade) é sempre um escândalo, mesmo que venha a ser tolerada durante os períodos de trégua social. Tolerada e até mesmo cortejada e bajulada. No entanto, no fundo, resta sempre um despeito em relação às bajulações e aos cortejos, que possui suas raízes num sentido vingativo de culpa e numa inveja inconsciente. De fato (e aqui ainda se salva a esperança), a realidade, e não a ficção, permanece no paraíso natural de todas as pessoas, a menos que ainda não estejam transformadas na estrutura visível de seus corpos, que não tenham se transformado em *mutantes*, tal como se diz na gíria atômica.

O sistema da desintegração, logicamente, tem seus funcionários, secretários, parasitas, cortesãos etc. E todos eles, com seu (mal-entendido) interesse, ou porque enganados (digamos assim) pela boa-fé, por seu erro, tentarão enfraquecer as resistências do escritor através de inúmeros meios. Vão procurar, por exemplo, cativá-lo ou incluí-lo no sistema através da corrupção, da escandalosa popularidade, dos sucessos ordinários, promovendo-o a divindade ou a playboy. Ou, ao contrário, sua diferença será utilizada pelo sistema como uma traição, uma culpa, uma imoralidade, um moralismo, uma insuficiência. Vão dizer, por exemplo, que não é moderno. Obrigatoriamente! De fato, na concepção deles, ser moderno significa estar desintegrado ou em via de se desintegrar. Vão dizer, até mesmo, que não se ocupa de coisas sérias, nem da realidade; e (entenda-se!) que o principal sintoma da desintegração, do qual se tornaram escravos e doentes, consiste em assumir como realidade seu contrário.

Como já foi dito anteriormente, dentro do sistema não podem existir escritores, no sentido verdadeiro da palavra; porém há uma quantidade de pessoas que escrevem e publicam livros, podendo ser diferenciados pelo nome de «escreventes». Alguns deles são simples instrumentos do sistema, no entanto, instrumentos de importância muito secundária em relação aos outros, os cientistas das bombas. As salas, os escritórios desses *escreventes* podem ser considerados mínimos sucursais dos verdadeiros estabelecimentos nucleares.

Todavia, é preciso definir que, para uma grande maioria, tais escreventes não têm a consciência de servir ao sistema; aliás, às vezes, querem presumir que a tola e sinistra miséria de suas obras seja atribuída por culpa do sistema, e, em última análise, por culpa da bomba atômica; quando, ao contrário, o fenômeno acontece exatamente ao avesso, tal como, espero eu, não precisa mais ser demonstrado. De todo modo, por mais doloroso, esses cúmplices, quase involuntários (ao menos em sua superfície consciente), ou, digamos assim, pessimistas do sistema, são menos antipáticos que seus cúmplices otimistas. Estes são um péssimo gênero de escreventes. Às vezes, por total e verdadeiro conformismo alienado, às vezes, por adulação, outras ainda recitando cinicamente uma comédia cativante, esse gênero de escreventes deseja exaltar este ou aquele território do sistema da desintegração como se fosse o céu mais alto da civilização humana, somente deplorando, em certos casos, a ameaça atômica, tornando-se, talvez, pelo uso da palavra, propagandistas contra a bomba, enquanto, nos fatos, são seus férvidos campeões. Entre eles, estão os piores inimigos do escritor, capazes realmente, em pontos extremos de crise, de entregá-lo aos guardas dos *lager*, de certo modo, eles são até piores que os próprios guardas, os quais são obsessivos, ou seja, loucos, e, além disso, pagam pessoalmente com a infâmia (e com o inferno da angústia), recebendo um salário muito inferior ao dos escreventes oficiais do regime.

Antes de deixar de lado essa lista de escreventes que pertencem ao sistema, é preciso, enfim, lembrar a existência abundante de cenáculos, de escolas e de vários grupos, que possuem uma qualidade comum: seus produtos literários não podem ser, de forma alguma, lidos. Representa-se, nesse caso, como exemplo, a imagem do sistema, ou seja, um planeta no qual as pessoas mais sofisticadas estão já há algum tempo habituadas a se alimentar exclusivamente de pílulas (a ponto de já possuir um sistema digestivo atrofiado e reduzido ao mínimo, semelhante ao de um inseto). Todavia, elas não abrem mão de seus tradicionais *cozinheiros*, os quais devem se adequar ao sistema. E, de fato, reunidos em suas cozinhas, esses cozinheiros se empenham frequentemente em preparar alguns pratos: não pratos saborosos, entenda-se bem, mas disfarçados, feitos, suponhamos, de borracha, de papel prensado, de materiais sintéticos, ou algo muito pior que tudo isso. De qualquer forma, nunca, obviamente, de material comestível. Assim, os clientes sintéticos, que não comem, têm seus banquetes sintéticos, durante os quais não se serve nada que se possa comer, e os cozinheiros e os clientes se sentem muito satisfeitos porque são pratos moderníssimos. No fundo, o fenômeno é bastante inofensivo, mas caso uma leve irritação estomacal seja verificada em alguém (de origem literária ou de qualquer outra origem), para se livrar de semelhante inconveniente basta um bocejo. E logo poderão voltar às suas ocupações.

Todos esses escreventes, em geral, encontram-se raramente com o escritor; e, às vezes, quando aqueles deparam com este, tratam-no, segundo o caso e as pessoas, de modo diferente, como se fosse um maldito, um sonhador, um cantor ambulante, um aristocrata, um parente pobre, um subversivo etc. É fácil entender que o escritor não pode encontrar muitos de seus companheiros no sistema. Mas, de qualquer forma, ele, por sua natureza, não é colocado em nenhuma sociedade determinada, em nenhum grupo ou categoria. Seu destino o conduz, antes, para a aventura. Porém, de resto, a realidade em si mesma é uma aventura extraordinária.

Habitualmente, o escritor tende a se aventurar entre as mais variadas pessoas, de todos os tipos e, talvez, de todas as seitas. É inevitável, seja como for, que entre as classes *dominantes* e aquelas *dominadas* prefira sempre as últimas. Não por motivos especificamente humanitários (o escritor não é humanitário; é, nesse caso, outra coisa: humanista), mas para a lei fatal habitual de sua vida. De fato, o domínio de uma pessoa sobre outra, caso tenha sido sempre perverso, agora é também, definitivamente, entendido como irreal; já que a igualdade fundamental das pessoas se dá na consciência (mesmo naquelas que presumem não saber disso). E, sem dúvida, o vício mais grave da ficção está do lado do dominador. Tanto que, às vezes, o escritor tem a forte suspeita (e a esperança) de que o dragão seja, precisamente, um simples produto desse vício parcial, e de que os dominados possam aliar-se a ele, escritor, para enfrentá-lo.

Esse é o motivo pelo qual o escritor, na prática de sua vida social e política, sempre se sente lançado em direção aos movimentos revolucionários ou *subversivos*, os quais proclamam como fim a interrupção de todo domínio de uma pessoa sobre outra.

Enfim, o escritor encontra suas companhias mais especiais, quase sempre, entre pessoas de idade extremamente jovem ou absolutamente infantil. Sem dúvida, somente elas reconhecem e ainda frequentam a realidade. Por lei universal, é ainda pior no sistema, onde a maioria dos adultos é mais ou menos contaminada pela ficção e, portanto, são hostis.

De qualquer maneira, especialmente quando a velhice se aproxima e suas pernas estão cansadas, o escritor frequentemente se encontra sozinho. Poderia ir para o campo, mas, no fundo, agrada-lhe muito mais estar na cidade, entre todos aqueles desgraçados que correm para desviar, seja como for, do dragão. Então, o escritor sai de sua sala e caminha por aquelas ruas malditas, expelido pelo trânsito e pelos barulhos, e por um instante é tentado pela ideia de se enclausurar num asilo, concluindo, ali, sua vida. Porém, em certos dias felizes, fica pensando consigo mesmo, em meio ao trânsito, numa história ou num poema para escrever, e nem mesmo ouve os barulhos, caminhando distraído entre os milhares de automóveis, milagrosamente sem ser atropelado. Assim, podemos dizer em tom de brincadeira que ele superou até mesmo a prova dos grandes santos indianos, os quais são capazes de meditar e de escutar o silêncio religioso de sua intimidade em meio à barulheira e ao comércio do templo.

Lembro-me, agora, daquilo que disse o mestre da poesia Umberto Saba: que em todo poeta sempre permanece uma criança, a qual convive com o adulto, maravilhando-se com aquilo que acontece com o adulto. Fica maravilhada, mas também, permito-me acrescentar, diverte-se com isso. Por sua sorte, também nesse seu louco e desesperado combate com o dragão, o poeta se diverte um pouco.

Mas, enfim, que raça de romance ou de poesia terá que escrever nosso escritor para fazer, como dizem os jornais, sua luta? A resposta é simples: escreverá honestamente aquilo que quer. «Aos poetas», disse ainda Umberto Saba, «resta apenas fazer a poesia honesta.»

Porém, bastaria dizer que a poesia, se é realmente poesia, só pode ser honesta. Um poeta, enquanto tal, tem que ser honesto. Assim como demonstrado pela história, pode ser até mesmo feio, deforme; pode possuir dentro de si os piores vícios: ser um beberrão, um *malamente*,[19] como se diz em Nápoles. Pode ser sujo e até feder. Isso

---

19 «Grosseiro».

sempre foi e sempre será um problema seu. Mas, como escritor, não pode se esquivar das condições necessárias: da atenção, da honestidade e do desinteresse. E todo o resto será literatura. A propósito, que tipo de linguagem precisará utilizar? Dialeto, indústria, uma *koiné*? Qual será seu estilo, seus semantemas, sua característica tipográfica? Pró ou contra as letras maiúsculas? Pró ou contra a pontuação? No entanto, deixem-no escrever como queira, porque o primeiro inventor das linguagens foi ele! Por que aborrecer agora um homem com semelhantes problemas (que interessam muito mais aos linguistas, aos filólogos, e assim por diante)? Aqui, trata-se de ser *pró ou contra a bomba atômica*! Contra a bomba atômica está a realidade. E a realidade não tem necessidade de pré-fabricar para si mesma uma linguagem: ela fala sozinha. Até mesmo Cristo disse: não se preocupem com aquilo que vocês dirão, ou como dirão. É a realidade que dá vida às palavras, e não o contrário.

E o que é a realidade? Só nos faltava essa! Se alguém me faz tal pergunta, está claro que não é meu leitor. Durante todos esses anos, em ensaios, artigos, respostas para pesquisas etc., correndo o risco de parecer uma maníaca, não fiz outra coisa a não ser discorrer sobre esse tema. Aliás, esse é também, mais ou menos, o sentido desta conferência. Tentei explicar o que é a realidade, mas duvido que tenha conseguido, já que é uma coisa que se compreende quando é vivenciada, de modo que não é necessário dar explicações. Certa vez um discípulo perguntou ao velho sábio oriental: «O que é o Bodhidharma?» (que significaria aproximadamente o Absoluto ou coisa semelhante). E o sábio, prontamente, respondeu-lhe: «A moita no fundo do jardim». «E alguém que consegue compreender esta verdade», perguntou ainda duvidoso o rapaz, «o que seria?» «Um leão com juba de ouro», respondeu o velho, dando-lhe uma palmada na testa.

O beato propagandista do Paraíso

Uma de suas características singulares é ter três nomes distintos. O primeiro (seu nome de nascimento) é Guido di Pietro: conhecido pelos íntimos como Guidolino (talvez porque, desde jovenzinho, crescesse frágil, sendo de estatura baixa? Por motivos semelhantes, um de seus «pais», o dominicano Pierozzi Antonio, tornou-se Antonino, depois santo Antônio).

O segundo nome, Giovanni da Fiesole, foi assumido por ele no momento da descoberta de sua vocação religiosa: provavelmente pela intenção consciente de honrar mais um de seus «pais», o dominicano Giovanni Dominici; mas, talvez, também por causa de outra escolha inconsciente e necessária, como depois vamos destacar.

Esses dois nomes fazem parte de sua história; porém o terceiro, Beato Angelico, foi oferecido a ele, como vivo e como morto, por sua lenda popular. E não por nada, coube-lhe apenas ficar com este último nome, pois era mais comum, familiar a todo mundo.

A lenda de Beato Angelico, antes mesmo de pintor, o quer como santo; e os críticos modernos, atentos para situá-lo objetivamente na História, trabalham com o intuito de retirá-lo de algumas confusões legendárias. No entanto, eu, como o povo, não sei executar tal operação: embora precise reconhecer naquela auréola sobreterrestre o primeiro ácido que produziu meus preconceitos pouco gentis acerca dessa lenda.

Na realidade, na pintura, meus santos possuíam outros nomes: Masaccio, Rembrandt, Van Gogh etc. De fato, os santos da arte são reconhecidos por mim porque levam no corpo os sinais comuns da cruz materna, a mesma que é cravada em todos nós. Seus corpos puderam, por ter cometido autoflagelo até a consumação, até a ruína comum, diferentemente dos nossos, tornar-se iluminados de saúde; porém, Beato Angelico já teria nascido com o corpo iluminado.

Aos artistas, assim como aos santos, pedimos a difícil caridade de responder a nossas perguntas mais desesperadas e confusas; no entanto, somente alguns entre eles parecem nos prometer uma resposta, como os parentes que, além dos confins e das datas, comunicam-se conosco através da mesma língua materna. Outros nos evitam, tratando-nos como estrangeiros. E um daqueles, para mim (desde minhas primeiras perguntas imaturas), foi o pintor Angelico. Tanto que hoje, no momento em que me encontro, voltar aos retiros nos quais viveu parece-me quase uma viagem de ficção científica.

Minha (nossa) pobre língua materna cresceu na fábrica deformante das cidades degradadas, entre as lutas evasivas dos mecanismos escravistas, entre as repugnantes e contínuas tentações da deformidade. Recebendo por doutrina imposta – como cânones de fé ecumênica – as escrituras sombrias do progresso tecnológico, os mensageiros obsessivos da mercadoria e as anunciações espectrais da Jerusalém industrial, nossa língua retirou-se para procurar suas imagens de saúde, excluindo qualquer Igreja. E forçada a utilizar, desde a infância, as gírias obrigatórias da ficção coletiva, limitou-se a reinventar um léxico próprio, retirando-o, talvez, de algum vocabulário exótico, indecifrável para seus contemporâneos, desejando oferecer novamente seu tesouro, talvez de seus lixos, mais que de suas lojas.

Portanto, como poderá uma língua em nosso estado não digo compreender, mas perdoar aquela língua beata e angélica? Talvez minhas resistências em relação ao pintor sejam culpa, sobretudo, de minha inveja. Na realidade, mais que «santo», aqui, para mim, «beato» soa mais como «sortudo» ou «felizardo».

Por exemplo: nós certamente nos alegraríamos por conhecer, como complemento de nosso pai natural, algum pai sábio, vivo ou defunto, ao qual pediríamos conselho. Mas, agora, infelizmente, não conseguimos mais ouvir as vozes dos mortos, por causa do fracasso atômico que nos ensurdece. E as vozes dos vivos são, da mesma forma, muito barulhentas para merecer nossa confiança. Os sábios, de regra, não fazem muito barulho.

Assim, hoje, nós todos estamos órfãos. Enquanto Guido di Pietro, ao contrário daqueles pais-heróis, tinha muitos pais: todos santos, ou beatos, e todos dominicanos. Ao lado dos dois vivos e seus conterrâneos, já nomeados anteriormente, falta ainda nomear, entre os defuntos, Domingos de Gusmão, que por sua sabedoria foi assemelhado por Dante aos querubins, e Tomás de Aquino, dito Doctor Angelicus, que passou a vida demonstrando a realidade divina a partir das razões de Aristóteles; porém, no mais, ele conversava muito pouco, tanto que foi apelidado de «boi mudo».

Nos escritos de Tomás de Aquino, de fato, se lê: «Nada está no intelecto que não tenha estado antes nos sentidos». E naturalmente os olhos sortudos de Guidolino di Pietro se abriram pela primeira vez diante de uma ideia na qual ele pôde reconhecer imediatamente um modelo sensível do Paraíso.

Um privilégio comum dos terrestres atuais, aliás, (quase desde ontem) de todos os terrestres do passado, era o seguinte: a deformidade (que significava precisamente *negação da realidade*, ou – como poderíamos dizer ainda hoje – *alienação* total do intelecto e da natureza) ainda não havia se ramificado na terra. De fato, todas as outras maldades possíveis existentes sobre a Terra desde o princípio, como os conflitos, as devastações, as doenças e a morte, são substância da natureza, ou seja, movimentos da tragédia real. A manifestação da ficção, ou melhor, a deformidade, é um monstro recente.

Por mais que essa experiência imunda, nossa maldição atual, continue, de toda forma, poupando nossos antecessores terrestres, é evidente que o momento histórico e o lugar geográfico, determinados pela sorte de Guidolino, foram o ponto de eleição e o centro luminoso desse favor invejável. Pode-se afirmar que seus olhos beatos jamais encontraram nada feio. E, a respeito da presença inevitável do mal, ele tinha a explicação de seus pais.

Graças a eles tudo estava claro para Guido di Pietro: o mal existe sobre a Terra, porque ela não é nada mais que uma estação inferior do Cosmo; aliás, ela é o penúltimo círculo, já que logo abaixo encontra-se o Inferno. Porém, diferentemente deste último, a Terra mantém relações com o Reino Celeste, o qual habitualmente lhe envia seus mensageiros, tendo encarregado para essa função especial as ordens angelicais da terceira categoria: anjos, arcanjos e principados.

Acima do círculo terrestre e de suas dependências, expande-se por todo o Cosmo, ao longo de suas sucessivas altitudes, a única nação celeste, subdividida em nove regiões ou esferas, as quais, aos poucos, sempre ficam mais iluminadas e perfeitas durante a subida. Da primeira esfera de fronteira, a Lua, sobe-se até Mercúrio, depois até Vênus, e dali até a quarta esfera do Sol; deste ponto, passa-se por Marte, Júpiter e Saturno, chegando-se ao Céu das Estrelas Fixas e ao Primeiro Móvel. Essa nação estrelar infinita está habitada e governada pelos anjos da segunda categoria: poderes, virtudes e dominações. E, enfim, chega-se aos três graus da primeira categoria: tronos, querubins e serafins. Ali são determinadas as funções supremas do Empíreo, cume do universo, onde se encontra a casa de Deus.

(Observe que nenhuma ciência terrestre jamais poderá ter a presunção de contestar, de maneira fidedigna, essa astronomia. Na verdade, assim como os primeiros cosmonautas que desceram na Lua, os próximos ficarão vagando da Lua até Marte e até Júpiter, descobrindo apenas extensões desertas. No entanto, isso só significa que, na realidade, *eles* vão considerá-las desertas, pois as arquiteturas exterminadas e populosas dos poderes, das virtudes e das dominações não são perceptíveis aos nossos instrumentos óticos.)

Assim, a humanidade, com seus pobres animais companheiros, mereceu o ínfimo albergue do Cosmo, onde, somente no subsolo, encontra-se o bar dos danados. Era lógico que, com semelhante vizinhança, o Mal se fixasse sobre a Terra. Porém, como remédio (asseguram os pais) o homem recebeu um bem que o diferencia das criaturas inferiores ou danadas, levando-o até os anjos.

É o bem do intelecto. Do círculo terrestre o pensamento pôde subir para todas as esferas superiores, e através dele até o Empíreo. A esfera mais próxima, a Lua, e as esferas seguintes até as Estrelas Fixas podem ser reconhecidas a olho nu, mesmo lá de Vicchio, no sereno noturno. Também da última sede, do Empíreo e do Paraíso invisível, propaga-se sobre a Terra uma testemunha visível: a luz, que não é uma substância terrestre, mas uma qualidade característica do céu, a qual restitui às coisas existentes a propriedade incorpórea essencial, não sendo produzida como efeito, mas significando causa. Desde o dia em que abriu os olhos, Guido di Pietro apaixonou-se pela luz. Seu afeto foi feliz e correspondido, já que ela o esperava todos os dias, declarando-lhe, com a manifestação das cores, a presença do primeiro amor em todas as coisas, e depois lhe entregando, pela fé de seu afeto recíproco, o segredo magistral da arte visual. Guidolino recebeu em suas lindas e obedientes mãos os instrumentos de seu trabalho como se fosse um penhor de sua união com a primeira luz. E essa união foi aprovada, sem dúvida, pela autoridade de seus pais, pois pôde servir como propaganda do Paraíso. Desse modo, Guido di Pietro descobriu seu ofício. É um pintor a serviço da propaganda.

Seus pais vivos (Dominici e Pierozzi) lhe ensinaram que a propaganda é o único fim lícito da arte. Porém, essa diretiva totalitária sentiu imediatamente o efeito do impulso da revolução mundial que nesse mesmo momento cresceu ao seu redor com uma turbulência maravilhosa. Essa revolução (ainda só no início) é a mesma que na fase adulta e madura chegará a negar o Paraíso não histórico, contrapondo-lhe a história, cujo protagonista e responsável é o homem definitivamente mortal (e não a hipotética alma imortal). Seu único reino prometido é a Terra; para o uso desse reino concreto, mais que a filosofia lhe serve a ciência. Assim, a arte é necessária para glorificá-lo e para se glorificar.

Guido di Pietro participou da revolução? E, se não, ainda assim é tratado como reacionário? Esse problema, o qual vai inquietar os críticos, não poderia desviar Beato Angelico para outro lado. Para ele todas as revoluções possíveis poderão ser apenas compromissos e aproximações da verdadeira revolução total, definida na Galileia. No campo da pintura, ele já começou sua grande revolução, uma vez que a luz, mesmo sendo necessariamente a fonte da pintura, não representa sua disciplina e seu argumento. E, em relação à ciência nova de seus pintores contemporâneos, entende-se que ele a está aprendendo. Agradecendo, aliás, ao seu primeiro e único amor (a luz) pelo fato de lhe mandar certas instruções maravilhosas através deles. Guido di Pietro sabe que esses seus companheiros revolucionários são compreendidos como instrumentos da luz, tal como ele. Sua única diferença é que conhece a última destinação que lhe foi prometida pela luz apaixonada. E não quer adiá-la.

Estava atento e consciente do risco, como Ulisses no mar das sereias. E então decidiu, ele também, ficar preso ao seu barco com as cordas. «A lição e a oração», ensina-lhe o mestre Antonino, são duas asas, que encontram sempre a alma em suspensão no céu, e jamais a deixam pousar sobre a Terra, isto é, junto às coisas terrenas por afeto e por desejo. E, tal como os pássaros, não é possível voar com uma única asa, pois é quase perfeitamente impossível que a alma possa ter afeto por Deus sem receber uma lição: uma ajuda a outra; e depois a santa contemplação a conduz sempre para frente...

Não se exclui que mesmo Beato Angelico possa ter conhecido um conflito semelhante aos nossos... No entanto, onde conseguimos encontrar, atualmente, um barco de confiança ao qual possamos nos atar, para não perder a direção? Aqui, ao redor, consegue-se ver apenas barquinhos ou grandes navios à deriva, quebrados ou semissubmersos; ou cargueiros, corsários, galés com seus prisioneiros remadores. Até os barcos voadores, lança-mísseis, atômicos ou como queiram chamar, que nos prometem voar à velocidade da luz, na realidade lembram carroças bombásticas e sempre nos aprisionam em nosso albergue habitual, sobre o telhado do Inferno. Quem poderá condenar, ali, aqueles que se lançam às sereias, ou os que tapam os ouvidos, como fazem os companheiros não invejáveis de Ulisses? No entanto, Beato Angelico, ao contrário (eis aqui sua sorte), não tinha o que fazer a não ser dar dois passos. Seu barco de confiança estava lá ancorado, esperando por ele no Convento de São Domingos de

Fiesole, fundado por seu pai Dominici e ordenado por seu pai Pierozzi. Lá em meio ao verde, que é a cor da ressurreição e do descanso; e em meio ao turqui, que é a cor do nascimento.

Como já mencionado no início, foi naquele lugar que ele descobriu seu verdadeiro nome. Portanto, como se chamava aquele que havia dito: «Eu não sou a luz, mas vim para oferecer um testemunho à luz?». Giovanni, esse é seu verdadeiro nome! Guidolino era apenas um apelido.

Fra Giovanni da Fiesole.

As obras de arte de propaganda são um soro da verdade. Se a propaganda é espontânea e sincera, torna-se bonita. Caso contrário, torna-se um monstro.

Também na época moderna aconteceu um caso de propaganda espontânea: por exemplo com o poeta Maiakovski, que acreditava na mercadoria que exaltava. No dia em que deixou de acreditar, preferiu se suicidar.

Depois dele, a arte moderna da propaganda, em geral, produziu monstros deformes, sinal de que os objetos de nossa propaganda, em grande parte, são falsificados, e a propaganda, em si, obrigatória ou forçada. Não vimos e não acreditamos.

«Sorte daqueles que não viram e acreditaram.» Sorte deles também porque no exato momento em que acreditaram VERDADEIRAMENTE conseguiram ver.

Fra Giovanni da Fiesole, propagandista do Paraíso, sempre acreditou nisso. E por essa razão foi lhe dada a permissão de ver. Através das graduações da escala cromática, a única luz não somente lhe permitiu reconhecer sua essência divina, mas também a qualidade diferente dos corpos, mais ou menos dispostos a recebê-la. As criaturas angelicais são absolutamente diáfanas, por isso a luz as completa com toda a essência, não degradada na escala; por causa disso elas não podem ser percebidas a olho nu, embora as três ordens da terceira categoria angelical, anjos, arcanjos e principados, percorram habitualmente a Terra.

Somente em certos casos excepcionais, como se lê nas Escrituras, essas ordens se tornam perceptíveis; ou até mesmo, assim como a Anunciação do arcanjo Gabriel a Maria, puderam se reconhecer em sua única espécie (é sabido que os anjos, por sua natureza, não se reproduzem, pois cada um é o único de sua espécie).

Pode-se pensar que Cristo, como Homem-Deus, esteve sempre acompanhado, mesmo sobre a Terra, por sua essência de luz, que numa única vez se tornou visível aos apóstolos no cume do monte Tabor.

A lenda conta que Beato Angelico pintava de joelhos. Alguns críticos, diante do segredo de algumas de suas luzes, se perguntaram: êxtase ou ciência? Mas, aqui, Tomás de Aquino poderia responder em seu lugar. Certo dia, depois de uma das últimas missas, confidenciou ao seu amigo Reginaldo: «Não posso mais escrever. Vi coisas diante das quais meus escritos são apenas palha».

Porém a arte, mesmo se beata, é uma tentação irresistível; e o nosso, não sendo um doutor da Igreja, mas um pintor nato, seguiu com sua arte muito admirada até o fim. Se conheceu as visões do êxtase, este é um caso de silêncio e de pudor, sobre o qual não é lícito interrogá-lo. No entanto, seja-nos permitida uma única pergunta: «Uma vez que a luz das criaturas celestes (só revelada a poucos na visão estática) não se degrada na escala visível, como podia representar, na pintura, Cristo e Maria em glória, como os anjos e os santos no céu?».

Também sobre isso o instruía seu mestre Antonino: advertindo-o que, nas igrejas, são feitas «as pinturas devotas [...] que são chamadas no Decreto pelo título Livros dos Idiotas: estes não sabiam ler, então para eles se representou o fervor [...] onde o espírito se desperta para acompanhá-los».

Portanto, deveríamos deduzir disso que ele, depois de ter lido o volume das inteligências inexprimíveis, se limitava ao Livro dos Idiotas por um artifício propagandístico? Não, absolutamente. De fato, em primeiro lugar, havia a palavra de Tomás de Aquino: *ciência com caridade*. E, depois, Guidolino sempre permanecia vivo dentro de Giovanni da Fiesole, louca e irremediavelmente apaixonado por seu primeiro amor: a luz sensível de todos os dias.

Uma de suas primeiras pinturas, ou seja, o verdadeiro manifesto de sua propaganda, foi o *Juízo Universal*, no qual a escolha definitiva entre a cidadania infernal e aquela celeste é proposta aos idiotas num documento resplandecente. O Império do Mal é uma taberna de canibais, murados dentro de sua cantina, sem outra iluminação que não aquela de seus fogos nefandos. E a República do Bem, ao contrário, é um baile da madrugada a céu aberto, sobre um lindo prado, de onde, por uma pequena subida fiesolana, chega-se à portinha radiosa que conduz até os quartos da luz (muito semelhante a um palácio de fadas).

As cores são um presente da luz, a qual se serve dos corpos (como a música dos instrumentos) para transformar em epifania terrestre sua festa invisível. As *coroações*, os *altares*, as *majestades* são os hinos do pintor em louvor e em celebração àquela festa. Sabe-se que ao olhar dos idiotas (pobres ou ricos) a hierarquia dos esplendores culmina no sinal do ouro. Para aqueles que não conhecem a verdadeira, íntima, alquimia da luz, as minas terrestres são o lugar do tesouro escondido. E, assim, para a exaltação de seus olhos ignorantes, esse pintor da ordem dos mendigos constrói para a mãe e para a criança, como se fossem dois ídolos, tronos de ouro, quartos ostentados por ouro, pisos de mármore, tapetes orientais. Ele borda com uma minúcia encantadora os vestidos dos anjos e penteia seus cabelos com o cuidado de uma irmã atenta.

Porém, no trabalho, tais vaidades e mercadorias lhe são restituídas pela natureza dos corpos luminosos, a qual é desinteressada e inocente. Seus anjos não são bonequinhas adornadas, como acreditava o grande tolo Olindo Guerrini (basta ler seus poemas para verificar como era ignorante), mas nasceram como nascem as flores, com suas madeixas e plumas já arrumadas, e seus vestidos elegantes não eram nem tecidos nem costurados por nenhum empregado («Olhai os lírios do campo»).

Nenhum vício retórico, nenhuma unção beata corrompe seus gestos apaixonados. O equívoco das falsas religiões, ou das «épocas lindas», buscou degradá-lo para uso próprio, fazendo dele um «santinho» ou um artigo de decoração. Todavia, na realidade, seus presentes de Epifania, trabalhados por suas mãos, são entregues ao domicílio da luz, ao qual os olhos vulgares, ou sofisticados, não chegam.

Além dos manifestos e dos hinos, a propaganda exige epopeias «encenadas» para comover o povo, fiel ou volúvel, com os feitos de seus heróis. No mundo de Beato Angelico ainda não surgiu a indústria dos *mass media*, com seus genocídios aberrantes. A propriedade sacrossanta e preciosa dos idiotas – sua cultura admirável, a poesia popular – se apresenta nesses dias como se fosse uma criatura viva, respirando, cheia de graça e de saúde. As histórias extraordinárias que essa poesia fornece a Beato Angelico (felizardo) espelham a perfeita realidade da natureza, mais verdadeira que qualquer «realidade» histórica. As plataformas dos altares, os tabernáculos e os retábulos são o teatrinho, aliás, a sublime televisão em cores de nosso cantor ambulante. Aqui, as partituras coloridas da luz têm variações mais familiares e cantáveis. Uma população repleta de simples artesãos, de soldados e de vendedores ambulantes anima as praças das vocações, das salvações e dos martírios. As cenas de cada *Apresentação* e dos milagres representam pequenos conventos e pátios florentinos, terraços melodiosos, quartinhos arrumados ao uso toscano ou flamengo. A casa da *Visitação* mostra-se sobre o lago Trasimeno.

Tudo isso (manifestos, hinos, espetáculos) é trabalho social *comprometido*, devido às Igrejas, às senhorias, às companhias, em suma, ao público dos idiotas, a quem Cristo explicava a luz em parábolas, porque seu intelecto permanecia confinado nas dimensões do espaço e do tempo. Pregar aos idiotas, na sua língua, é uma liberdade que não reside dentro dessas dimensões e que não se pode definir nos termos de nenhum vocabulário: essa é a presença no *mundo*, ensinada como exemplo do Evangelho. A santidade-ação e a arte-oração se assemelham nesse paradoxo, estando livres desses limites comuns e também se movendo dentro deles. Tal paradoxo ausência/presença é vivido por Beato Angelico enquanto artista e religioso.

O lugar da *ausência*, para os poetas, é a lírica: na qual a conversação não se dá mais com o mundo exterior, mas com outro interlocutor íntimo, ponto último e inacessível do sentimento ou do intelecto. Para o artista Beato Angelico, esse lugar, ou refúgio, identificou-se fisicamente com o Convento de São

Marcos, que o hospedou durante um longo tempo de sua vida, antes como frade e depois como prior. E ali, em sua casa – onde cada quartinho destinado ao descanso era também a cela particular consagrada às meditações, e onde toda refeição no refeitório comum devia evocar novamente o sacrifício do pão e do vinho –, o apaixonado pela luz pintou sobre as paredes suas conversações misteriosas com ela. Os afrescos do Convento de São Marcos são as líricas de Beato Angelico: tanto que ele podia pintá-los (como se diz comumente) de olhos fechados, já que então as cores não lhe eram transmitidas pelo sentido visual, mas pela memória, que é outro testemunho da luz. Na ausência do tempo e do espaço tudo é memória: o acontecimento presente, aquele que já ocorreu e aquele que ainda deve acontecer. Dessa forma, nos afrescos anônimos (a autografia não importa à arte-oração), o pintor *se lembrou* dos mistérios gozosos, dolorosos e gloriosos: da Anunciação de Maria, da flagelação e da sepultura de Cristo, do encontro de Madalena com seu Rabi ressuscitado, e do voo em direção à pátria do último céu. Na unidade definitiva dos contrários ausência/presença, tudo já aconteceu, porém, tudo ainda precisa acontecer. E, ali, os corpos se aproximam finalmente do *diáfano* absoluto, no qual vai se revelar a luz essencial, não degradada.

No entanto, o destino do frade Giovanni não repousará na lírica. Giovanni da Fiesole é um pintor do Renascimento, ao mesmo tempo católico e dominicano; por volta de seu quinquagésimo ano de vida, o papa o chamou a Roma. Assim, de sua cidade natal, Vicchio, nosso Guidolino chegou com sua túnica branca e com seu manto negro à corte pontifícia, onde, no lugar da *Lenda áurea* de seu confrade Iacopo, a história o aguarda. O confronto com a história é uma das provas necessárias que a *presença* no mundo solicita dos artistas e dos religiosos que visam a ação. E em tal confronto o grande Giovanni quase remove de dentro de si a presença inevitável de Guidolino, com seus jardins primordiais, como a nostalgia da intimidade do Convento de São Marcos. Ele não questiona mais as luzes da natureza e da memória, mas os espelhos monumentais do antigo Classicismo e do novo Humanismo, adequando seu canto de amor à sua eloquência terrestre.

A capela Nicolina, no Vaticano, é o poema histórico de Beato Angelico. Depois, são os últimos anos de sua vida. Não lhe resta mais muito trabalho a fazer.

Entre suas últimas pinturas, ficou para nós o *Armadio degli Argenti*, ciclo de pequenas histórias maravilhosas, em que se narra a biografia de Cristo. Novamente, nesses quadrinhos, reconhecemos a linguagem singular do Livro dos Idiotas; mas em sua fala popular há uma espécie de estupor encantado, como se Beato Angelico agora quisesse ele mesmo ser idiota, segundo o destino de seus pobres irmãos terrestres: para contar para si mesmo, em sua velhice, a mais linda história da Terra. Aqui, sua luz amiga lhe sorriu com uma espécie de humor incomparável no manto negro da criança, a qual parte em cima do burro em direção ao Egito, nas asas de borboleta do arcanjo Gabriel e na carne do minúsculo infante que se mostra, com as perninhas abertas, ao sacerdote armado por causa da circuncisão. Sua luz companheira manchou de indulgência o interrogatório de Pilatos; transformou numa fábula de ogros a devastação dos inocentes, da mesma maneira que uma avó conta uma história assustadora com final feliz; e, para iluminar a Última Ceia, traçou um teto de arcos azuis, como se aquele pequeno refeitório do adeus já se encontrasse situado em outra Jerusalém, além das Estrelas Fixas.

A sorte do pintor não foi ter morrido em sua casa florentina no Convento de São Marcos, mas em Roma, que para ele era uma terra estrangeira muito distante. Foi sepultado na Igreja de Santa Maria sobre Minerva. Ali, esculpido sobre sua pedra tumular, iluminado realmente por uma lâmpada elétrica, pode ser visto seu último retrato. Sem dúvida, está muito diferente do outro que conheço, no qual Luca Signorelli o representou com ênfase heroica. Porém, nos traços quase camponeses dessa pobre máscara de velho adoentado, é possível decifrar melhor, poderíamos dizer, a escritura materna de seus três nomes: Beato Angelico, na atenção; Giovanni, na disciplina; e Guidolino, na esperança interrogativa daquele raio amante prometido, o qual não se decompõe no espectro visível.

Notas sobre os textos

Os ensaios aqui reunidos foram publicados por Elsa Morante entre os anos 1950 e 1965 em jornais semanais e revistas; o último texto apareceu em 1970 como prefácio ao volume *Beato Angelico*, publicado pela editora Rizzoli, na coleção Classici dell'Arte.

Os sete primeiros artigos apareceram com o título «Vermelho e branco», no jornal *Il Mondo*, no inverno de 1950-1, com as respectivas datas de 4 de novembro, 18 de novembro, 2 de dezembro, 16 de dezembro, 30 de dezembro de 1950; 13 de janeiro e 27 de janeiro de 1951. Respeitamos aqui tanto a reunião original dos textos quanto à ordem cronológica.

O artigo «O poeta de toda a vida» foi publicado no informativo *Einaudi* de abril de 1957 e foi republicado no jornal *Il Punto* em 31 de agosto de 1957, com o acréscimo das linhas preliminares (aqui em itálico) por conta da morte do poeta.

O ensaio «Sobre o romance» foi publicado na revista *Nuovi Argomenti* n. 38-9, maio-agosto de 1959, como resposta a uma pesquisa articulada em nove perguntas. São elas:

1. Vocês acreditam que exista uma crise do romance como gênero literário, ou mais uma crise do romance relacionada à crise generalizada de todas as artes?

2. Fala-se muito do romance ensaístico. Vocês acham que ele vai substituir o romance como pura representação (ou seja, behaviorista)? Dito de outra forma: Musil substituirá Hemingway?

3. A escola narrativa francesa da qual fazem parte Butor, Robbe-Grillet, Nathalie Serraute e outros proclama que o romance vira definitivamente as costas à psicologia. É necessário fazer com que os objetos falem, estando ligados a uma realidade puramente visual. Qual é a opinião de vocês?

4. Vocês, sem dúvida, não deixaram de perceber que os romances modernos estão sendo menos escritos em terceira pessoa e muito mais em primeira pessoa. E que a primeira pessoa tende a ser a própria voz do autor. (O eu de Moll Flanders, só para dar um exemplo, seria, ao contrário, uma terceira pessoa.) Acreditam que não será mais possível voltar ao romance de pura objetividade, do tipo oitocentista? Acham que o romance objetivo não é mais possível?

5. O que vocês pensam sobre o realismo socialista na narrativa?

6. O problema da linguagem no romance é antes de tudo o problema da relação do escritor com a realidade de sua narrativa. Vocês acreditam que essa linguagem deva ser transparente como a água, tendo em seu fundo todos os objetos diferenciados?

Em outras palavras, acreditam que o romancista deva deixar as coisas falarem por si só? Ou acreditam que o romancista deva, antes de tudo, ser um escritor até o fim, à vista de todos?

7. O que vocês pensam sobre o uso do dialeto no romance? Acreditam que se possa dizer tudo de maneira dialetal? Ou pensam que a língua é a linguagem da cultura e que o dialeto tem limites muito fortes?

8. Vocês acreditam na possibilidade de um romance nacional histórico? Ou seja, no qual estejam representados os fatos ocorridos na Itália, recentes ou mais antigos. Em outras palavras, acreditam que é possível reconstruir acontecimentos e destinos que não sejam puramente individuais? E fora do tempo «histórico»?

9. Quais são os romances de que mais gostam e por quê?

O ensaio «Sobre o erotismo na literatura» foi publicado em *Nuovi Argomenti*, n. 51-2, julho-outubro de 1961. As oito perguntas feitas a Nicola Abbagnano, Norberto Bobbio, Italo Calvino, Cesare Cases, Franco Fortini, Arturo Carlo Jemolo, Elsa Morante, Alberto Moravia, Enzo Paci, Guido Piovene, Renzo Rosso e Sergio Solmi foram as seguintes:

1) O erotismo na literatura europeia tem muitos precedentes. Há o erotismo dos clássicos, das obras gregas e romanas, medieval, renascentista e, por fim, o erotismo burguês

que nasceu no século XVIII e ainda está vivo. Diríamos que a linha de separação entre o erotismo clássico e seu posterior é a noção judaico-cristã do pecado. Vocês acreditam que o erotismo contemporâneo se assemelha mais àquele clássico ou àquele de derivação cristã?

2) O mundo, nos últimos cinquenta anos, está em processo de descristianização. Uma grande revolução foi realizada pelo nudismo. É evidente que não se pode voltar atrás, ou seja, considerar o nu um pecado. De modo análogo, Freud e a psicanálise revelaram zonas da psicologia que no passado estavam cobertas pela censura cristã. Vocês acham que aquilo que hoje se chama erotismo é, no fundo, uma realidade nova, recuperada pela cultura e destinada a se tornar inócua e normal, assim como o nu feminino?

3) Fala-se com frequência de neopaganismo a respeito de certas representações «inocentes», ou que assim gostariam de ser, da literatura moderna. Segundo vocês, no que consiste a diferença entre esse neopaganismo e o verdadeiro paganismo, como era representado no mundo antigo e como ainda sobrevive em países como a Índia e o Japão?

4) A noção de pecado está muito ligada às três religiões de conduta, ou ética, de origem semita: o judaísmo, o islamismo e o cristianismo. A concepção moderna do fato sexual tem, ao contrário, origens científicas, naturalistas. As três religiões citadas tendem a excluir o sexo da cultura, e a ciência

moderna tende a incluí-lo. Vocês acreditam que possa existir um acordo entre essas duas concepções ou que a segunda está destinada a tomar o lugar da primeira?

5) Todas as vezes em que um livro ou um filme em que se encontram representações eróticas causa um escândalo, os defensores expõem a argumentação de Benedetto Croce acerca do resultado estético, já os acusadores procuram demonstrar que esse resultado não existe. Esse ponto de vista é até mesmo acolhido pela lei com um artigo de nosso código. Acham que erramos nos dois casos? A representação erótica deveria ser julgada diferentemente de qualquer outra, ou seja, segundo um critério de necessidade e de verdade?

6) Nos Estados Unidos, o trabalho de Kinsey revelou um desnível profundo entre as várias leis do país e a realidade da vida dos cidadãos. Vocês acreditam que seja positiva a manifestação desse desnível entre a arte e a realidade? Em outros termos, a arte tem que representar o mundo como é ou, ao contrário, como deveria ser?

7) A religião cristã atribui, hoje, assim como há vinte séculos, a máxima importância aos tabus sexuais. Mas aquilo que era útil e, talvez, necessário naquela época, num mundo espontâneo, pagão e carnal, talvez seja supérfluo e inútil, até danoso, em nossos dias, sendo o mundo moderno rígido e intelectual. Em outras palavras, ele já está em processo de descristianização, de fato, porque é cristão. E os tabus que serviram

para torná-lo cristão, quando ainda era pagão, revelam-se inúteis atualmente, já que as paixões pagãs deixaram de existir. Desse modo, vocês acreditam que o erotismo moderno na literatura, tal como na vida, seja um sinal de liberdade e de bom senso mais que de sujeição e de desregramento?

8) O erotismo na literatura contemporânea a partir de Lawrence procura mostrar o sexo como uma coisa saudável, necessária, natural e religiosa. Para a literatura moderna, o sexo é uma realidade objetiva e suprimível, um meio de conhecimento. Vocês acreditam que seja necessário continuar seguindo esse percurso até o fim, que seja necessário voltar aos tabus cristãos ou, pior ainda, voltar aos tabus vitorianos do decoro e da boa educação pequeno-burguesa?

O ensaio «Navona *mia*» foi publicado na revista *Illustrazione Italiana*, 89, n. 2, em fevereiro de 1962.

A conferência «Pró ou contra a bomba atômica», proferida no Teatro Carignano, de Turim, no Teatro Manzoni, de Milão e no Eliseo, de Roma, em fevereiro de 1965, foi publicada na revista *Europa Letteraria*, VI, n. 34, março-abril 1965, e republicada na revista *Linea d'ombra* em dezembro de 1984.

O ensaio «O beato propagandista do Paraíso» foi publicado, como já dito anteriormente, no volume *Beato Angelico*, da Rizzoli, em 1970.

Biblioteca Âyiné

1. Por que o liberalismo fracassou?
   Patrick J. Deneen
2. Contra o ódio
   Carolin Emcke
3. Reflexões sobre as causas da liberdade e da opressão social
   Simone Weil
4. Onde foram parar os intelectuais?
   Enzo Traverso
5. A língua de Trump
   Bérengère Viennot
6. O liberalismo em retirada
   Edward Luce
7. A voz da educação liberal
   Michael Oakeshott
8. Pela supressão dos partidos políticos
   Simone Weil
9. Direita e esquerda na literatura
   Alfonso Berardinelli
10. Diagnóstico e destino
    Vittorio Lingiardi
11. A piada judaica
    Devorah Baum
12. A política do impossível
    Stig Dagerman
13. Confissões de um herético
    Roger Scruton
14. Contra Sainte-Beuve
    Marcel Proust
15. Pró ou contra a bomba atômica
    Elsa Morante

Composto em Baskerville e Helvetica
Belo Horizonte, 2022